和合

中华文化的独特品质

总主编 翟 博
分册主编 王永智

中国大百科全书出版社

图书在版编目（CIP）数据

中华优秀传统文化教育读本．和合／翟博主编；王永智分册主编．
—北京：中国大百科全书出版社，2020.6

ISBN 978-7-5202-0661-7

Ⅰ．①中…　Ⅱ．①翟…②王…　Ⅲ．①中华文化—青少年读物
Ⅳ．① K203-49

中国版本图书馆 CIP 数据核字（2020）第 002592 号

出 版 人　刘国辉
策 划 人　曾　辉
责任编辑　李　静
封面设计　许　烈
责任印制　常晓迪
出版发行　中国大百科全书出版社
地　　址　北京市阜成门北大街 17 号　　邮政编码　100037
电　　话　010-88390636
网　　址　http://www.ecph.com.cn
印　　刷　北京君升印刷有限公司
开　　本　880 毫米 ×1230 毫米　　1/32
印　　张　6.625
字　　数　141 千字
印　　次　2020 年 6 月第 1 版　2021 年 2 月第 2 次印刷
书　　号　ISBN 978-7-5202-0661-7
定　　价　39.00 元

本书如有印装质量问题，可与出版社联系调换。

《中华优秀传统文化教育读本》
编写委员会

目录

‖序一 >>>

张岂之

　　《中华优秀传统文化教育读本》丛书经过几位作者的不懈努力，终于和读者见面了。这是一件值得祝贺的事。

　　深入学习、宣传、普及中华优秀传统文化，已经成为全社会的共识，我们现在要做的一项重要工作，就是要在具体落实上多下功夫。2017年1月，中共中央办公厅、国务院办公厅印发《关于实施中华优秀传统文化传承发展工程的意见》（以下简称《意见》），要求着重研究和宣传中华优秀传统文化的核心思想观念，宣传中华传统美德，发扬中华人文精神。《意见》提出："把中华优秀传统文化全方位融入思想道德教育、文化知识教育、艺术体育教育、社会实践教育各个环节。"这套丛书的出版，可以看作是落实中央精神的具体体现。

在目前众多的中华优秀传统文化普及性图书中，这套丛书有两个鲜明特色：

其一，对中华优秀传统文化的概括论述比较全面。中华文明有五千年的历史传统，对于青少年和初学者而言，首先要把握精华，然后再逐步深入。这套丛书，按照习近平总书记提出的"讲仁爱、重民本、守诚信、崇正义、尚和合、求大同"展开论述，精准全面，把儒家的核心精神概括进去了，具有一定的系统性。

其二，这套丛书在编排设计上，将理论阐发、经典介绍、历史故事综合编排，这样既符合青少年的学习认知规律，也避免枯燥生硬，具有可读性。

这套丛书的出版，开了一个好头，我相信一定会有较好的社会效益。在这里，我也想借此机会对年轻的读者朋友提两点参考意见。

首先，中国的传统文化博大精深，对于青年人而言，有必要循序渐进，以便逐步全面把握、深入理解。以先秦诸子为例，除儒家外，还有阴阳家、墨家、名家、法家、道家、兵家、杂家、纵横家、农家、小说家等，号称百家之学，其中蕴藏着丰富的内容，有待于今人"取其精华、去其糟粕"。现代文学家朱自清先生，为青年人写的《经典常谈》，就包括诸子百家的哲学，《左传》《国语》《史记》《汉书》的史学，辞赋诗文的文学。可喜的是，这些内容在这套丛书中可以略见一二。

其次，在学习方法上，提倡学思结合，知行结合。《中庸》说："博学之，审问之，慎思之，明辨之，笃行之。"把学问思辨行融贯为一个整体；把学得的知识落实到个人素质的培养锻炼中，落实到认识和改造社会的实践中。这样有助于把对中华优秀传统文化的学习成果奉献给社会，从而更好地实现其现代价值和意义。

我与这套丛书的主编翟博先生相识多年，他青年时代在西安求学，研究生毕业后一直从事教育工作，现在担任中国教育报刊社的领导。多年来他在推动中华优秀传统文化的普及宣传方面，做了很多具体切实的工作。他邀我为这套丛书写几句话，我乐于撰稿。希望这套丛书能得到读者朋友们的欢迎，并期盼大家多提宝贵意见，以便大力促进中华优秀传统文化在当今社会的普及和提高。

‖ 序二 >>>

楼宇烈

　　习近平总书记将中国传统文化的精神用"仁爱、民本、诚信、正义、和合与大同"进行总结，不仅具有高度的概括性，同时也具有极强的时代性与人类共性。

　　从今天人类面临的生态危机、道德危机、不可持续危机以及人类异化危机等来看，西方商业文化不具有普世价值，而中国传统农耕文化中的"仁爱、民本、诚信、正义、和合、大同"等价值观使人类与自然及人类自身产生了和谐，反而使人类具有了和谐与可持续的未来。

　　也因此说中国传统文化具有天下性、道德性、社会主义性。天下性，在于思考问题的全局性。它不局限于从自身、自家思考问题，也不局限于从企业方面思考问题，甚或不局限于从国家方面思考问题，而是从人类、世界、众生、宇宙之广度思考问题，总之从宇宙至健之无比广大的秩序思考问题。现在西方文化主流思想是围绕资本利益的，至多在于为资本利益集团之联合体服务，至于占绝大多数的工人阶级以及广大民众的利益则只是敷衍，其工具性很强，这与中国故有之"仁爱、民本"思想格格不入。

道德性，在于将道德贯穿于文化的各类形式之中。政治之道德性表现为政治伦理化；法律之道德性在于法律要与正义相吻合；经济之道德性在黜奢崇俭、贵义贱利，还有不伤害三农；教育之道德性在于培养以德为主的德智体美劳兼备之才；军事之道德性在于出师有名，以防御为主，不首先侵略他国；等等。

社会主义性，在于"民本""仁爱""大同"；在于"以人民为中心"；在于"不患寡而患不均"；在于"耕者有其田"；在于以家庭为单位按照人口多寡分配的土地分配制度，虽此制度性质为私有制，但分配是平均的，是为民制"恒产"；同时，在家庭内部财产是共有的，这种共有制应该说具有社会主义性，将此家庭共有推扩至朝廷，则为天下为公。

古代政权在形式上表现为天下一姓，其实呢？能继位者只有一人，大多数人皆变为平民。与此同时，任贤为要，绝不以与皇室之近为由而被任为宰相、尚书等。而宰相与六部尚书等，常常来于乡野之家，尤其科举制推行以来，"朝为田舍郎、暮登天子堂"已不是什么新鲜事。

仁爱，是孔子讲的，其要义在人与人相感，你敬我一尺，我敬你一丈；你把我视同兄弟，我同样把你当作兄弟；君以礼待臣，臣子相应以忠侍奉君。当然以直报怨，也是相感之意。以孔子的教导，"己所不欲，勿施于人"是实现仁爱的根本方法，其通在人心。对具体做法而言则是以慈孝始，父慈子孝，父慈为当然之事，子孝也接近当然之事，但较之父慈为难，所以孝成为实现仁爱的基本途径。有孝心，推及兄弟姐妹则为悌，推及夫妻则为义，推及朋友则为信，推及君臣则为忠，于是乎五伦成为实现仁爱的基本方法。天下在五伦的相互感动下而为一家，建立在五伦基础上的制度，自然就是礼制。

民本，就是以百姓的利益为根本，因民之所利而利之，天视自我民视，天听自我民听。用习近平总书记的话说，就是"以人民为中心"。实现民本的途径，在于仁政与王道，具体言之：制民恒产，薄赋敛轻税收，量入为出，打击豪强势力，盐铁专卖，节制私人资本，选贤与能，讲信修睦，使老有所安，壮有所用，少有所怀，女有所归，鳏寡孤独废疾者皆有所养。民本也是实现社会主义理想的根本价值理念。

当然，民本也要求民德的提升，要求勤俭以得之，而非投机取巧以得，更不能依靠赌博贩毒取得财富，也不能靠污染环境发财，等等。今日财富若与道德分离，只讲GDP，不讲取之以义，那么会严重违背民本之价值。

诚信，是以至诚之心，不食言，言行一致，不口是心非，以最大努力践行人生之信条。它也包含西方之契约精神，但不尽相同。西方之契约在于形式上不违约，即使此契约是不合乎道德的、不公平的，甚至是武力强迫的，也应无条件地遵守，如西方列强曾经强加于我国的各类不平等条约，中华人民共和国成立之日即予以废除，此对人民之诚信也，对资本列强之违约也。

因此，诚信具有道德之内核，不仅仅在于"言必行、行必果"，唯"义之所在，则言必行、行必果"。

正义，从文字上考研其中的"正"，其乃会意字，表示前往某地，有远行之义。现在引申义为平正，不偏不斜；还有正心、正直、正确、恰当、公正、纠正等义。

"义"，繁体字为"義"。篆字与繁体字很相似，也属会意字，从羊（祭牲），从我（兵器），表示用兵器宰羊作祭品。義简化为义，原始义是指礼仪，后又改为礼义。所以"义"者，礼也。

若将"正""义"合起来就是以不偏不斜的步伐坚定地沿着礼义之路前进。

在经史子集中，最早用"正义"一词的，大概是荀子。《荀子·正名》说："正利而为谓之事，正义而为谓之行。"意思是说为功利去做叫事业，为道义去做叫德行。从这句话看"正义"的意思就是为道义而行，也就是以道义为奋斗的目标。在《荀子·儒效》中还有："不学问，无正义，以富利为隆，是俗人者也。"这里的"正义"是道德的意思，或者指以道德为行为标准之义。

正义确实有恰当行为的意思，或者有恰当的道德要求、有礼义的意思，所以对于道德要实事求是，以大众之普遍性为原则，不可陈义太高，陈义太高则弄虚作假，形同虚设，不但不能教化人，反而犯造假之错误。释家教化人以因果报应为律，告诫世人行善有好报，此以利导善也！儒家也有"积善之家必有余庆，积不善之家必有余殃"。亦义利合一也。都是将行善之获善报、行恶之获恶报作为教化人的信条，陈义并不高，但较之只言义不言利的效果显然要更大一些。

和合，是一种兼容兼顾，打成一片，从整体看待事物的思维。诸如"天人合一""心物一体""体用一如"等，都是和合思想的体现。其大无外，其小无内，天人相合相感，天即人，人即天；心外无物，物不离心；体用不二，体用不离，物物一太极，事事无碍。西方思想则注重分析，将心与物分离，对心之研究为宗教，对物之认识则为自然科学。而中国则上薄拜神教，下防拜物教，表现为极强的人文主义。体用相分，将道德与制度、义与利相分离，在西方看来，所谓法律、经济、政治等皆为理性工具，法律即规则。而和合观，则首先强调人与人之间应是和谐的关系，其斗争性是在和谐性、统一性之下。因此，人类的斗争武器，其杀伤力不应超出人类的承受力，今日之核武器竞赛，已远远超出人类的承受力，一旦核战争爆发，人类必然走向毁灭。

大同，是人类社会的终极理想。仁爱、民本、诚信、正义、和合价值之推扩就是要求人类最终实现大同的理想。人类像一家人一样，相互敬爱，以礼相待，老吾老以及人之老，幼吾幼以及人之幼，老者安之，少者怀之，朋友信之，四海之内皆兄弟也。正如习近平总书记所讲，人类是一个命运共同体。以中华传统文化的理想讲，就是要实现天下太平。也就是说能坚守仁爱、民本、诚信、正义、和合价值者，以大同为理想者，方可实现人类在全球化背景下"平天下"的理想，或许这就是中华优秀传统文化复兴的使命所在。

因此可以说，习近平总书记讲的"讲仁爱、重民本、守诚信、崇正义、尚和合、求大同"，不仅是中华传统文化的核心思想，也是人类的核心价值观。现将其中的十二字，分别由六位教授编写成六本书，即《仁爱》《民本》《诚信》《正义》《和合》《大同》，不仅对于传播中华传统优秀文化、复兴中华文明有重大的历史意义，而且对于构建一个命运共同体的世界，也极具现实意义。我衷心地希望这六本书在翟博同志的领衔下，能尽快出版，并对社会人心道德发挥巨大的影响。

导言 >>>

翟 博

中华优秀传统文化博大精深，凝聚着中华民族自强不息的精神追求和历久弥新的精神财富。党的十八大以来，以习近平同志为核心的党中央高度重视中华优秀传统文化的历史传承和创新发展，从中华民族最深沉的精神追求和最根本的精神基因、独特的精神标识和中华民族精神"根"与"魂"、最宝贵的精神品格和命脉的高度，定位优秀传统文化；从中华民族最基本的文化基因、最深厚的软实力与坚定文化自信的根基和突出优势的高度，继承优秀传统文化；从涵养社会主义核心价值观的重要源泉、实现"两个一百年"奋斗目标和中华民族伟大复兴中国梦的重要精神支撑的高度，弘扬优秀传统文化；从推动中华民族现代化进程的长远战略高度，创新发展优秀传统文化，推进中华优秀传统文化的创造性转化、创新性发展，赋予中华优秀传统文化崭新的时代内涵。习近平总书记在党的十九大报告中指出："文化自信是一个国家、一个民族发展中更基本、更深沉、更持久的力量。""推动中华优秀传统文化创造性转化、创新性发展，继承革命文化，发展社会主义先进文化，不忘本来、吸收外来、面向未来，更好构筑中国精神、中国价值、中国力量，为人民提供精神指引。"[①]党的十九大报告深刻分析了国际国内形势发展新变化，站在新的历史起点，宣示了中国特色社会主义进入新时代，明确了中国特色社会主义的历史方位，形成了习近平新时代中国特色社会主义思想，开启了全面建设社会主义现代化强国的新征程。它指明了党和国家事业前进方向，是我们深入学习习近平新时代中国特色社会主义思想、加强中华优秀传统文化教育的思想指引和行动指南。

习近平总书记关于中华优秀传统文化的一系列重要论述，是习近平新时代中国特色社会主义思想的重要组成部分。加强中华优秀传统文化教育，既是当务之急，也是百年大计、千年大计；既功在当代，也会泽及后世子孙、增进人类福祉。深入学习贯彻习近平总书记关于弘扬中华优秀传统文化重要思想，深刻领会其重要意义、思想内涵和精神实质，对于我们落实立德树人的根本任务，引导青少年增强民族文化自信和价值观自信，坚持道路自信、理论自信、制度自信、文化自信，培育和践行社会主义核心价值观，实现中华民族伟大复兴的中国梦，都具有长远的战略意义和重要

---

① 习近平：《决胜全面建成小康社会 夺取新时代中国特色社会主义伟大胜利——在中国共产党第十九次全国代表大会上的报告》，《人民日报》2017年10月28日。

的时代价值。

加强中华优秀传统文化教育的重大意义

文化是一种精神、一种信念、一种力量，是民族的血脉。中华优秀传统文化，是中华民族的"根"和"魂"，是中华民族精神的标识，是当代中国核心价值观的思想渊源，也是全人类弥足珍贵的精神瑰宝。习近平总书记指出："中国传统文化博大精深，学习和掌握其中的各种思想精华，对树立正确的世界观、人生观、价值观很有益处。"①习近平总书记在会见第四届全国道德模范及提名奖获得者时强调，中华文明源远流长，孕育了中华民族的宝贵精神品格，培育了中国人民的崇高价值追求。自强不息、厚德载物的思想，支撑着中华民族生生不息、薪火相传，今天依然是我们推进改革开放和社会主义现代化建设的强大精神力量。习近平总书记的精辟论述阐明了加强中华优秀传统文化教育重大的现实意义和长远的战略意义。

第一，中华优秀传统文化是中华民族安身立命的基础、永续繁衍的血脉、绵延不绝的"根"与"魂"。中华民族在5000多年连绵不断的文明发展进程中创造了博大精深的优秀文化。习近平总书记在纪念孔子诞辰2565周年国际学术研讨会暨国际儒学联合会第五届会员大会开幕会上的讲话中指出："优秀传统文化是一个国家、一

---

① 习近平：《在中央党校建校80周年庆祝大会暨2013年春季学期开学典礼上的讲话》，《人民日报》2013年3月3日。

个民族传承和发展的根本，如果丢掉了，就割断了精神命脉。"[①]中华优秀传统文化"体现着中华民族世世代代在生产生活中形成和传承的世界观、人生观、价值观、审美观等，其中最核心的内容已经成为中华民族最基本的文化基因"。加强中华优秀传统文化教育，关系中华民族的"根"之所系与"魂"之所牵。

第二，中华优秀传统文化是中华民族文明史的记录、民族精神的追求和标识。习近平总书记在会见第七届世界华侨华人社团联谊大会代表时指出："中华文明有着5000多年的悠久历史，是中华民族自强不息、发展壮大的强大精神力量。"[②]习近平总书记还指出："中华文化源远流长，积淀着中华民族最深层的精神追求，代表着中华民族独特的精神标识，为中华民族生生不息、发展壮大提供了丰厚滋养。"[③]加强中华优秀传统文化教育，关系中华民族的生存与发展。

第三，中华优秀传统文化是中华民族共同培育的民族精神的重要源泉。习近平总书记在第十二届全国人民代表大会第一次会议闭幕会上的讲话中指出："中华民族具有5000多年连绵不断的文明历史，创造了博大精深的中华文化，为人类文明进步作出了不可磨灭的贡献。经过几千年的沧桑岁月，把我国56个民族、13亿多人紧紧

---

① 习近平：《在纪念孔子诞辰2565周年国际学术研讨会暨国际儒学联合会第五届会员大会开幕会上的讲话》，《人民日报》2014年9月25日。

② 习近平：《在会见第七届世界华侨华人社团联谊大会代表时的讲话》，《人民日报》2014年6月7日。

③ 习近平：《在中共中央政治局第十三次集体学习时的讲话》，《人民日报》2014年2月26日。

凝聚在一起的，是我们共同经历的非凡奋斗，是我们共同创造的美好家园，是我们共同培育的民族精神，而贯穿其中的、更重要的是我们共同坚守的理想信念。"[①]加强中华优秀传统文化教育，关系中华民族共同坚守的理想信念。

第四，中华优秀传统文化是中华民族和中华儿女文化自信的重要根基。中华优秀传统文化是我们最深厚的文化软实力，是我们文化发展的母体，积淀着中华民族最深沉的精神追求。文化自信是一个民族、一个国家和一个政党对自身文化价值的充分肯定和积极践行，并对其文化生命力持有的坚定信心。习近平总书记提出："我们说要坚定中国特色社会主义道路自信、理论自信、制度自信，说到底是要坚定文化自信。文化自信是更基本、更深沉、更持久的力量。"[②]这既昭示了文化自信具有的更加突出位置，也指明了加强中华优秀传统文化教育的紧迫性和重要性。

第五，中华优秀传统文化是当代中国实现国家现代化的重要保证。任何国家的现代化都是以其文化传统和价值观作为指导的。现代化中最重要的是人的现代化。我们高兴地看到，为响应习近平总书记的号召，落实社会主义核心价值观和加强中华优秀传统文化教育，由教育部统一组织编写的义务教育道德与法治、语文、历史三科教材，已在全国中小学起始年级投入使用。可以预期，在广大青

---

① 习近平：《在第十二届全国人民代表大会第一次会议闭幕会上的讲话》，《人民日报》2013年3月18日。

② 习近平：《在哲学社会科学工作座谈会上的讲话》，《人民日报》2016年5月19日。

少年中加强中华优秀传统文化教育，对于当前和未来推动我国社会主义现代化事业必将产生明显而深远的影响。

第六，中华优秀传统文化是构建人类命运共同体的重要助力。党的十八大以来，习近平总书记多次论述过"人类命运共同体"的问题，并明确提出了"构建人类命运共同体，实现共赢共享"的中国方案。质言之，中华优秀传统文化中"天人合一"的哲学思想、"和而不同"的文化理念与"协和万邦""万国咸宁""天下为公""天下大同"的政治愿景，都与通过发展合作、实现共赢共享为核心的新型国际关系来构建人类命运共同体，有着密切的内在联系。

综上所述，加强中华优秀传统文化教育，是建设中华优秀传统文化传承体系、推动文化传承创新的重要途径。当今世界，文化在综合国力竞争中的地位和作用更为凸显，越来越成为民族凝聚力和创造力的重要源泉。当前，世界多极化、经济全球化深入发展，国内经济社会转轨转型，深刻变革，现代传播技术迅猛发展，世界范围内各种思想文化的交流、交融、交锋更加频繁，社会思想观念日益活跃。习近平总书记指出："中华优秀传统文化是中华民族的精神命脉，是涵养社会主义核心价值观的重要源泉，也是我们在世界文化激荡中站稳脚跟的坚实根基。"[1]加强中华优秀传统文化教育，是建设社会主义文化强国的重大战略任务，对于更好地传承中华文脉、全面提升人民文化素养、维护国家文化安全、增强国家文化软

---

[1] 习近平：《在文艺工作座谈会上的讲话》，《人民日报》2015年10月15日。

实力，持续推进国家治理体系和治理能力现代化都具有重要意义；对于促进世界和平、友好、发展，减少和化解生态危机、不同文明之间和国与国之间等的矛盾冲突，也都有越来越大的隐性和显性的国际意义。

中华优秀传统文化的核心思想理念

中华优秀传统文化是中华民族语言习惯、文化传统、思想观念、情感认同的集中体现，凝聚着中华民族普遍认同和广泛接受的道德规范、思想品格和价值取向，具有极为丰富的思想内涵。习近平总书记在中共中央政治局第十三次集体学习时指出，深入挖掘和阐发中华优秀传统文化讲仁爱、重民本、守诚信、崇正义、尚和合、求大同的时代价值，使中华优秀传统文化成为涵养社会主义核心价值观的重要源泉。①

"讲仁爱、重民本、守诚信、崇正义、尚和合、求大同"，是中华优秀传统文化中思想道德、政治理念、价值追求、人格修养、独特品质、社会理想的精华，是中华传统美德和民族精神的高度概括，集中体现了中华民族的传统核心价值观。加强中华优秀传统文化教育，必须围绕这一核心思想理念，逐步展开，不断深化，与时俱进。

仁爱：中华文化的核心力量。思想道德建设是中华优秀传统

---

① 习近平：《在中共中央政治局第十三次集体学习时的讲话》，《人民日报》2014年2月26日。

文化的核心力量。中国人崇奉以儒家"仁爱"思想为核心的道德规范体系，讲求和谐有序，倡导仁义礼智信，追求"修身、齐家、治国、平天下"全面的道德修养和人生境界，崇尚"己所不欲，勿施于人""己欲立而立人，己欲达而达人"的"仁爱"原则。加强中华优秀传统文化教育，就是要在全社会，特别是在广大青少年中开展以仁爱共济、立己达人为重点的社会关爱教育。

民本：中华文化的价值追求。民本是中国古代政治思想的基本理念。孟子曰："民为贵，社稷次之，君为轻。"仁民爱物的仁爱精神、以民为本的人文精神、深厚绵长的家国情怀等，集中体现了中华优秀传统文化的人民性，反映了广大人民群众的基本价值追求。

诚信：中华文化的做人准则。诚信既是个人的立身之本，也是一个民族、一个国家的生存之基。"言必信，行必果"是中国人待人处事的人生哲理。加强中华优秀传统文化教育，就是要开展以诚实守信、正心笃志、崇德弘毅为重点的人格修养教育。

正义：中华文化的道德原则。正义是人立身处世的根本，体现了社会的整体利益与个人的人格尊严。公平正义历来是人类孜孜以求的社会理想，中华民族是崇尚公平与道义的民族。

和合：中华文化的独特品质。爱国主义的民族深情、团结统一的价值取向、贵和尚中的思维模式、厚德载物的博大胸怀等，是中华民族精神的基本内容，彰显了中华优秀传统文化的特质。

大同：中华文化的社会理想。"大同"是古人最高的社会政治理想，激励了一代代仁人志士为其矢志不渝，奋斗不息，"大同"

理想是中国梦的文化根基。习近平总书记指出："实现中华民族伟大复兴的中国梦，就是要实现国家富强、民族振兴、人民幸福，既深深体现了今天中国人的理想，也深深反映了我们先人们不懈奋斗追求进步的光荣传统。"①

因此，加强对中华优秀传统文化的挖掘与阐发，把超越时空、跨越国度、富有永恒魅力、具有当代价值的独特文化精神发扬光大，努力实现对中华优秀传统文化的创造性转化、创新性发展，是历史和时代赋予我们的神圣职责和重大任务，也是实现伟大的中国梦的必然要求和现实需要。

中华优秀传统文化的基本功能、思想精华和时代价值

中华优秀传统文化有其独特的价值观和价值体系。习近平总书记在北京大学师生座谈会上的讲话中指出："中华优秀传统文化已经成为中华民族的基因，植根在中国人内心，潜移默化影响着中国人的思想方式和行为方式。今天，我们提倡和弘扬社会主义核心价值观，必须从中汲取丰富营养，否则就不会有生命力和影响力。"②这种独特的价值体系，是中华优秀传统文化的核心与灵魂，是新时期中华民族共同价值观的感召力、影响力、凝聚力的集中体现。加

---

① 习近平：《在第十二届全国人民代表大会第一次会议闭幕会上的讲话》，《人民日报》2013年3月18日。

② 习近平：《青年要自觉践行社会主义核心价值观——在北京大学师生座谈会上的讲话》，《人民日报》2014年5月5日。

强中华优秀传统文化教育必须深刻理解和认识中华优秀传统文化的基本功能、思想精华和时代价值。

第一，深刻认识中华优秀传统文化的基本功能。中华优秀传统文化对化解人类面临的矛盾冲突及人生面临的困难、困惑，能够提供强大而有益的精神滋养和价值影响。在现代社会，人类主要面临着五大冲突，即人与人、人与自然、人与社会、人与自我心灵以及不同文明之间的冲突。这五大冲突也造成了人类生态、社会、道德、精神和价值的五大危机。解决这些冲突、危机与人生面临的困难、困惑，很难从西方文化中找到方案。因为西方文化的价值追求是以自我为中心的，而中华优秀传统文化所关注的是人与人、人与自然、人与社会、人与自我心灵世界的和谐关系，和谐是中国优秀传统文化的最高准则。中华优秀传统文化是"天人合一"之学、人际和谐之学、身心平衡之学、生命存在之学、道德践行之学、理想人格之学、内圣外王之学、安身立命之学和人生智慧之学。这是中华优秀传统文化独有的基本功能，也是中华文化为世界发展提供中国方案的根本之所在。

第二，深刻认识中华优秀传统文化的思想精华。中华优秀传统文化具有独特的凝聚力、独特的延续力、独特的传承体系、独特的文化精神、独特的时代价值。从哲学层面上观察，中华优秀传统文化最重要的思想精华体现在以下几个方面：

一是"天人合一"的生命哲学。"天人合一"是中华优秀传统文化的最高境界，其核心就是强调人与自然的和谐统一，表现在人的文化行为上，就是天人合德，强调人类的道德理性与自然生生之德的一致。

二是自强不息的担当精神。《周易》中说："天行健，君子以自强不息。"这是中华民族历经磨难而始终不败的文化精神。中国文化倡导的自强不息、刚健有为精神，既包含积极入世、主动进取的执着追求和担当道义、不屈不挠的社会责任，也包含正直独立人格和主动创造精神等。中华民族之所以能在5000多年的历史进程中饱经沧桑而自强不息，靠的就是这样一种奋发图强、坚韧不拔的精神。

三是和而不同的和谐思想。中华优秀传统文化在价值追求上，主张"和而不同""和实生物，同则不继""万物并育而不相害，道并行而不相悖"的价值取向和智慧。在政治观上，追求民族统一的"大一统"观念，注重"协和万邦"，强调亲仁善邻，在对外关系中始终秉承"强不执弱""富不侮贫"的精神，主张吸纳百家优长、兼集八方精义，注重各民族的团结统一。

四是民惟邦本的民本思想。中华优秀传统文化注重人的价值，强调以民为本，提出"敬德保民""重民轻神""恤民为德""天地之间，莫贵于人""民惟邦本，本固邦宁"等民本思想，主张治国须利民、裕民、养民、惠民，对于缓和社会矛盾、维系社会相对稳定产生了深远的影响。

五是止于至善的崇高追求。中华优秀传统文化在个人理想追求上，主张"修齐治平"。《礼记·大学》中说："大学之道，在明明德，在亲民，在止于至善。""物格而后知至，知至而后意诚，意诚而后心正，心正而后身修，身修而后家齐，家齐而后国治，国治而后天下平。"这种积极向上的个人理想追求，影响着中国一代又一代的仁人志士，修身养性，奋斗不止；追求大同理想，追求"大道之行也，天下为公"的大同社会。

第三，深刻认识中华优秀传统文化的时代价值。深刻认识中华优秀传统文化的时代价值，是加强中华优秀传统文化教育的前提。中华优秀传统文化是维系中华民族团结奋进的精神纽带。中华优秀传统文化的基本内容主要包括儒、道、佛三大家思想中的精华，儒家思想构成其基本精神和主体框架。中华优秀传统文化融合形成了中华民族独特的向心力、凝聚力和共同的理想信念，熔铸塑造了中华民族的民族精神、思想观念、价值追求，引领、融通、聚合、形成了中华民族强大的文化引导力和精神原动力。

中华优秀传统文化是实现中国梦的精神力量之源。习近平主席指出："没有文明的继承和发展，没有文化的弘扬和繁荣，就没有中国梦的实现。"[1]深刻地指明了弘扬中华优秀传统文化与实现中国梦的关系。实现中国梦，是物质文明和精神文明比翼双飞的发展过程，需要文化旗帜引领、文化精神激励和文化软实力支撑，更需要文化的认同和凝聚。

中华优秀传统文化是建设社会主义核心价值观的重要源泉。党的十八大报告指出："倡导富强、民主、文明、和谐，倡导自由、平等、公正、法治，倡导爱国、敬业、诚信、友善，积极培育和践

---

[1] 习近平：《在联合国教科文组织总部的演讲》，《人民日报》2014年3月28日。

行社会主义核心价值观。"①这一表达分别从国家、社会、公民三个层面阐述了社会主义核心价值观的内涵，是在汲取中华优秀传统文化的丰富营养基础上的发展和完善，是中华优秀传统文化在当代的传承和发扬。培育和弘扬社会主义核心价值观，必须立足于中华优秀传统文化。这是党中央立足国内国际两个大局，站在历史、现实和未来的时空交汇点上高瞻远瞩，对核心价值观教育作出的战略设计、历史定位和对未来发展的方向性指引，是当前培育和弘扬核心价值观的战略出发点和落脚点。

如何加强中华优秀传统文化教育

加强中华优秀传统文化教育，是当前我们面临的重要历史任务和重大时代要求，必须坚持知行合一，即认识与实践相统一、科学性与艺术性相统一、可操作性与可接受性相统一。

第一，加强中华优秀传统文化教育，必须认真学习领悟、深入阐发中华优秀传统文化的思想精华和文化精髓。要讲清楚中华优秀传统文化的历史渊源、发展脉络、基本走向，讲清楚中华文化的独特创造、价值理念、鲜明特色。要处理好继承和创新的关系，实现中华优秀传统文化创造性转化和创新性发展。

第二，加强中华优秀传统文化教育，必须继承和弘扬中华优秀

---

① 胡锦涛：《坚定不移沿着中国特色社会主义道路前进 为全面建成小康社会而奋斗——在中国共产党第十八次全国代表大会上的报告》，《人民日报》2012年11月18日。

传统美德。加强全社会的思想道德建设，激发人们形成善良的道德意愿、道德情感，培育正确的道德判断和道德责任，提高道德实践能力尤其是自觉践行能力，引导人们向往和追求讲道德、遵道德、守道德的生活，形成向上、向善的力量。

第三，加强中华优秀传统文化教育，**必须加强爱国主义、集体主义、社会主义教育**。坚持以事启人、以情感人、以理服人、以行引人，引导人民群众树立和坚持正确的历史观、民族观、国家观、文化观，不断增强做中国人的骨气、底气和朝气。

第四，加强中华优秀传统文化教育，**必须树立文化自觉，增强文化自信和价值观自信**。用博大精深、源远流长的中华优秀传统文化滋养自己，让扎根中国大地、具有时代精气神的中华优秀传统文化成为我们实现复兴、走向世界的坚实根基。

第五，加强中华优秀传统文化教育，**必须将其贯穿国民教育全过程**。特别是在学校教育中，要践行全员育人、全程育人、全方位育人。加强中华优秀传统文化类课程和教材体系建设，在中小学全面开展中华优秀传统文化进教材、进课堂、进头脑工作，在高校开设中华传统文化类课程，为学生提供丰富选择。把中华优秀传统文化全方位融入思想道德教育、文化知识教育、艺术教育、体育、社会实践教育各环节，贯穿于启蒙教育、基础教育、职业教育、高等教育、继续教育各领域。

第六，加强中华优秀传统文化教育，**必须充分调动全社会的积极性和创造性**。加大宣传教育力度，讲活中国故事。坚持全党动手、全社会参与，把中华优秀传统文化教育的各项任务分解、落实到农村、企业、社区、机关、学校等，形成齐抓共管、共建共学的新局面。

"不畏浮云遮望眼，只缘身在最高层。"中华优秀传统文化是我国全面建成小康社会，加快推进社会主义现代化，实现中华民族伟大复兴中国梦的内驱动力的精神之源，也是中华文化走出去的外驱动力的力量之源。我们坚信，通过加强中华优秀传统文化教育，深入学习习近平总书记教育思想，中华儿女一定会不忘初心，继续前进，求真务实，攻坚克难，为更好地共圆中国梦、造福全人类，作出新的更大的业绩和奉献。

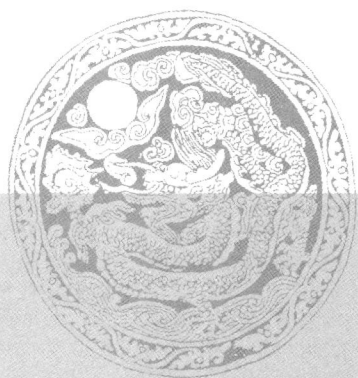

中国「和合」文化与中国人的精神价值观

2017年1月18日，习近平总书记在联合国日内瓦办事处的演讲《共同构建人类命运共同体》中指出："中华文明历来崇尚'以和邦国''和而不同''以和为贵'。""几千年来，和平融入了中华民族的血脉中，刻进了中国人民的基因里。"①中国文化的核心在促进人类的和平与发展，"和合"文化是中华民族精神基因的重要组成部分，是中华文明对全人类共同构建人类命运共同体的理念、价值及行为实践的贡献。

中国"和合"文化的根本在于和谐、和平、合一、大同，彰显的是中国人与中国文化的智慧和精神价值观。"和合"是指人与自然、人与他人、人与社会、人与文明、文明与文明等的相互联系与相互融合的过程。"和合"文化呈现的是个人及群体主动追求的精神价值趋向、行为实践方式与整体合一的统一场状态。中国"和合"文化作用于个体，核心在于培养人的生命观，即生命的本有、生命的追求、生命的情怀、生命的延伸与超越、生命的不朽、生命的圆满等；中国"和合"文化作用于群体，核心在于培养群体与群体的命运共同体理念、人类的和谐共生理念和人与自然的共生共享，即"天人合一"理念；中国"和合"文化作为实践的价值观与行动力，其实践基础在个人，实践目标在群体，实践境界是合一大同。所谓"合一大同"，即认为个体生命的享有及发展是群体生

---

① 习近平：《共同构建人类命运共同体》，《光明日报》2017年1月20日，第2版。

命发展的前提和条件，人只有在发展和谐生命的过程中才能积极创造和谐的现实世界；同时，群体的共生发展、人类与自然的和谐相处为每一个个体提供了发展与完善自我的舞台，是个体和谐成长与发展的现实基础。两方面的共同价值理念的树立与实践推动才能使"和合"走向真实，这是中华文化贡献给世界的重要理念与理想。

一、"和合"的含义及其发展

中国"和合"文化是中华文明的核心理念之一，有着悠久的历史积淀及发展历程。"和""合"二字均可见于甲骨文和金文。《说文解字》言"和，相应也，从口禾声"，有"调和相应"、声音相应和谐的含义。"合"是象形字，其甲骨文象盛饭的器具之形，上部为盖，下部为底。一盖一底即为一合。从字形看，"合"字是"关闭"的意思，可引申出"融洽""匹配"的含义。《说文解字》释之为"合口也"。殷商之时，和、合二字未连用，为单一概念。春秋时期，二字连用，有和合范畴之含义。《国语·郑语》言："商契能和合五教，以保于百姓者也。"[1]意为：商族部落始祖契能够将父义、母慈、兄友、弟恭、子孝这五教和合起来，以使百姓安身立命——将不同道德规范进行调和并实践，使民众生活在

---

① 徐元诰：《国语集解》，中华书局，2002年，第466页。

和谐的道德环境之中，这使和合范畴的伦理含义尽显，为中国"和合"文化的精神价值进行了核心奠基。《国语·郑语》记载史伯与郑桓公的对话："夫和实生物，同则不继。以他平他谓之和，故能丰长而物归之。若以同裨同，尽乃弃矣。"①这是认为只有阴阳和合才能生长万物，而完全相同的方面则难以生长起万物。这种和合不同事物的差异性才能求得发展的辩证理念，奠基起中华文化的矛盾统一性价值观，使中国人谋求在多样差异中的发展性、创新性、大同性，使中华文化从远古走向未来。

在先秦时期，思想家从天道和人道的方面，更系统宏阔地提出了"和合"文化的根本主旨。《易·系辞上》言："生生之谓易。"②中国文化的本质在于"生"，而生的核心在于阴阳和合，"与天地准"，即合天地万物的规律性。人在天地之中的生存发展，其根本要遵循阴阳和合之规律。《老子》言："万物负阴而抱阳，冲气以为和。"③《管子》说："阴阳者，天地之大理也。"④《墨子》言："天壤之情，阴阳之和，莫不有也。"⑤《吕氏春秋》指出："天地和合，生之大经也。"⑥

在秉和合而践道德方面，儒家提出"和为贵"的伦理准则；并以"君子和而不同，小人同而不和"的"和同之辨"来激励人们

① 徐元诰：《国语集解》，中华书局，2002年，第470页。
② 周振甫：《周易译注》，中华书局，2013年，第248页。
③ 陈鼓应：《老子注释及评介》，中华书局，2014年，第225页。
④ 黎翔凤：《管子校注》，中华书局，2013年，第838页。
⑤ 吴毓江：《墨子校注》，中华书局，2012年，第47页。
⑥ 许维遹：《吕氏春秋集释》，中华书局，2013年，第276页。

尚和而弃同，以处理人与人之间的各种矛盾，达于"中庸"的"至德"境地。老子及庄子则以尊道贵德，人应秉阴阳和合规律而生，而壮大和发展，将本体论与生命论合二为一，以"天地与我并生，万物与我为一"的哲学理念实现人与自然万物的合一。《管子》提出"畜之以道，则民和；养之以德，则民合。和合故能习，习故能偕。偕习以悉，莫之能伤也"[①]。蓄养道德，民众就能和合相处，而和谐之道就是无伤之道。墨子提出和合是处理人际关系之本，"离散不能相和合"。在价值观上，《周易》提出天、地、人为三才。孟子提出"天时不如地利，地利不如人和"[②]，将"人和"视为三才之道的核心方面，深刻地影响了中国传统的伦理价值观。先秦时期奠基的和合宇宙论、生命观、文化观、伦理观等，将中国传统精神价值观的人与自身的合一、人与他人的合一、人与群体的合一、人与自然的合一、群体与群体的合一等进行了全面深刻阐发，为中国"和合"文化及文明精神的发展奠定了根基。

秦汉以后，随着中华民族的统一，"和合"文化得到了更广泛的认同和实践。董仲舒适应"大一统"社会的需要，提出"罢黜百家，独尊儒术"，以儒家为本位，兼取道、法、阴阳五行等各家思想，将天人之和、礼法之和、援阴阳五行入儒等与"大一统"的社会发展需要相结合。而司马相如受武帝之命"通西南夷"，以"兼容并包""遐迩一体"为宗，称这是汉武帝"创业垂统，为万世规"的体现。正因为如此，汉王朝将不同民族融为一体，实现了民

---

① 黎翔凤：《管子校注》，中华书局，2013年，第183页。
② 杨伯峻：《孟子译注》，中华书局，2014年，第78页。

族的融合统一。继百家争鸣而形成的儒、道显学之后，两汉之际，中华民族又将主张"因缘和合""圆融无碍"的佛教文化接纳并和合于民族文化之中。从此，"和合"不仅为儒、道、释三派所通用，也是其文化价值观的核心内涵，更为其他文化流派所认同并实践运用。

隋唐是中华文化发展的辉煌时期。中华民族在发展鼎盛时期兼容并包的恢宏气度尽显，使文化呈现了前所未有的和合发展态势。政治、经济、文化的发展及国力的强盛为唐代中国的"协和万邦"开创了盛世华章。不论是东方各国视中国为"东方文化大本营"，伊斯兰教创始人穆罕默德勉励其弟子"学问虽远在中国，亦当求之"，还是更多国家民众"对中国文化无限向往"，希望"过像汉人那样灿烂的文化生活"，总之，繁荣昌盛的唐朝，在各国人民的心目中成为和谐美好的代表。而这其中对内的儒、释、道并存，"三教可一"，"立大中，去大惑"，视中和为"全德"等观念及实践，对外的对"远夷"不歧视，对华夷一视同仁的开明的对外政策，是唐朝赢得世界尊敬的文明标识。

宋以后，中国封建社会由盛而渐衰，在思想文化上的转折，产生了宋明理学。不论是程朱理学，还是陆王心学，追求"立人极"即和的至道、至德的圣人之道，就是"天下之达道"。从追求道德（或政治）的最高境界来阐发和合，"养中和之气"成为理学家的共同追求。张载提出"民胞物与"的思想、"太和所谓道"的命题，以及"仇必和而解"的方法；程颢认为和是圣人的最高境界；程颐提出"中"是体而"和"是用；朱熹提出"中和在我，天人无间"；陆九渊主张"增宇宙之和"；王阳明提出"中和一也"的思想等，均将和合思想进行了宇宙观、道德观、价值观、心性论、方法论等的系统阐发，为和合思想的发展及运用做出了贡献。

中国"和合"文化对中国人的影响在于：作为个体，和合对中国人个体生命的成长、生命的超越发展及生命圆满状况的形成有重要的影响；作为群体，和合对中国人与自然合一的宇宙观、伦理观，对中国人群体求和平、求和谐的社会生存观、价值观，对人类共生的命运共同体的人类命运观、发展观等的树立与发展有本质影响，成为中华文化的重要精神标识，核心价值理念之一。

二、"和合"文化与中国人的生命伦理观的建立和发展

（一）"重生"与和谐成长的生命观

中国"和合"文化的基础是"重生"，即重人的生命的现实存在性和发展性。这是中国传统文化的一个重要特质。

《周易》认为"天地之大德曰生"[①]，所以生即善，生即仁。在"重生"观念的支配下，中国人努力寻求生命的本有与合规律的发展。在中国古人看来，人的生命系统与万千自然的合规律的运转

---

① 周振甫：《周易译注》，中华书局，2013年，第271页。

发展系统本质上是合一的，"万物负阴而抱阳"。人身即一阴阳，合一小天地，应放在充满阴阳对立统一的宇宙大天地之中去求得生存与发展。而金、木、水、火、土之五行的有规律的运转发展，是天道阴阳发展的具体体现。《黄帝内经·灵枢·经别》载黄帝云："余闻人之合于天道也，内有五脏，以应五音、五色、五时、五味、五位也；外有六腑，以应六律。六律建阴阳诸经，而合之十二月、十二辰、十二节、十二经水、十二时、十二经脉者，此五脏六腑之所以应天道。"阴阳平衡、五行对应是人的生命存在之本。

中国文化的"重生"不仅重人的生理存在和发展，而且尤重人的生命精神、道德精神的成长与发展。受阴阳五行学说的影响，在人的生命是一个整体、一个系统，任何一个局部出现问题，都会影响整个系统的正常发展的观念影响下，道德的养心、养生、养身得以被提出并积极加以实践。《周易·坤卦·象》言："地势坤，君子以厚德载物。"大地以其宽厚，故能生长万物，君子要以大地般宽阔的胸襟、精神包容天下的人与物，使生命的发展有精神、道德的依托。于是，中国文化重修身以安己利人，将个人生命的成长与道德的内化及实践相结合，将个体的长生久视与社会群体的道德进步、文明发展相结合，将个人的生命发展与遵从、营造大自然合规律的、"道"的和谐一体相结合，寻求真、善、美相合一的生命发展氛围与意境。

中国古人提出的形神兼养，重在养神的养生理论，关键是精神道德上的清虚静定。《老子》《庄子》《管子》《韩非子》《孙子》《吕氏春秋》等十余部书均强调了"静胜躁"的观点。《黄帝内经》言"心动则五脏六腑皆摇","静则神藏，躁则消亡"，"静者寿，躁者夭"。清虚静定的关键是善良与祥和。在实践过程中，人并非无所事事，离世去俗，不思进取，而在于人应该以精神道德的力量统摄人的现实生活。《庄子》言："水之性，不杂则清，莫动则平，郁闭而不流，亦不能清，天德之象也。故曰：纯粹而不杂，静一而不变，淡而无为，动而天行，此养神之道也。"①《黄帝内经》教人"无恚嗔之心""以恬愉为务"。《管子》云："去欲则宣，宣则静矣；静则精，精则独立矣；独则明，明则神矣，神者至贵也。"②善祥合一，统摄身心，静精独明，深蓄厚养，过道德智慧的生活。

《周易》认为，人的生命发展如自然界万物之发展一样，核心在于元、亨、利、贞。元为春生，亨为夏长，利为秋收，贞为冬藏。人作为自然存在的一部分，其生命发展应合于四时变化发展之规律。在社会生活中，人的成长生命之本在于发展并实践道德上的仁、礼、义、智。"元者善之长也"，表现在君子的修为涵养上就是"仁"。仁为善心，指爱人的意识和实践。君子以仁为生命的内核，以仁为立身行事的根本，就如同春天是生长的季节一样，就是"长人"——能成长自己生命的本质，就能做人们的首长。亨即通，于自然界为夏，于人的修养为"礼"。"亨者嘉之会也"，嘉指美好。中国文化认为，一切美好的荟萃非礼不足以繁荣。人生之通顺与否与是否遵从礼仪规范、律己尊人相联系。利为收藏、成

---

① 陈鼓应：《庄子今注今译》，中华书局，2013年，第429–430页。

② 黎翔凤：《管子校注》，中华书局，2013年，第767页。

熟，于自然界为秋，于人为"义"。人们各安其分，各守其职，和谐而不乱，人的生命发展就会在"应然"之中自然而然地实现。贞是正而固之义，于自然界为冬，于人为"智"。人能坚持正确的方向，有坚定的意志，固守不移，做事就能取得成功。在《周易》中，人能行仁、礼、义、智，即人能按照自然规律与社会发展的既有秩序，成长个体生命的重要方面。不仅如此，《坤卦·文言》说："积善之家，必有余庆；积不善之家，必有余殃。"《乾卦·象传》言："大哉乾元，万物资始，乃统天。……乾道变化，各正性命，保合太和，乃利贞。首出庶物，万国咸宁。"①仁、礼、义、智之道为个人、家庭、国家社稷的生之道。这一思想奠基了中国人个体生命发展与群体生命发展的伦理观，将中国人"重生"观念与道德养心、养生紧密结合，奠定了中国"和合"文化的基本内涵，形成了中国人生命伦理观的基础。

（二）生命的联系与超越

中国"和合"文化强调人的生命发展重在人的生命的联系与超越。人的生命联系在于人与他人的联系、人与家庭的联系、人与群体的联系、人与国家的联系、人与自然的联系等。人的生命发展的意义和价值在于这些联系的广度和深度，而实践层面在于人不断走出自我中心主义，实现个体生命的超越。

---

① 周振甫：《周易译注》，中华书局，2013年，第3页。

儒家认为：人者仁也。而"仁"的核心在爱人。即人之为人要发展积极的现实生命联系观，这是人体悟生命之本、发展生命之本的前提。爱人首先在约束自己，按"礼"的要求自律而尊人，"君子贵人而贱己，先人而后己"[①]，"己所不欲，勿施于人"[②]。其次，将爱实现开来，"己欲立而立人，己欲达而达人"。将爱善首推于家人、父母。中国"和"文化的核心是家文化。中国文化认为，人的生命之始、之终均以家庭为本。孝悌既是实践"仁"之本，又是实现"和合"之本。而"泛爱众"，"老吾老以及人之老，幼吾幼以及人之幼"，以及"民胞物与"是群体走向和谐，人走向生命联系与超越的情感保障。

中国"和合"文化重人的生命超越，尤重现实、现世的生命超越。这种超越的内涵有两方面。其一，人在现实、现世追求生命价值和意义的实现。中国文化认为，人的生命意义不仅仅只是一个唯我的生命过程，而应该是一个不断向上发展的动态实践历程。其核心在于谋求有所"立"，即有所实现。目标指向是他人和社会群体。"太上有立德，其次有立功，其次有立言，虽久不废，此之谓不朽。"[③]能够对社会群体有所贡献，在道德人格、事功创造、文化奉献等社会价值层面，有卓异之处，有有益之处。所以，中国文化所言的不朽不是个人"天堂"式永存的生命不朽，更根本的是人的生命为群体社会贡献而获得的精神、人格、价值的不朽，是社会群

---

① 王文锦：《礼记释解》，中华书局，2013年，第758页。
② 杨伯峻：《论语译注》，中华书局，2014年，第164页。
③ 杨伯峻：《春秋左传注》，中华书局，2011年，第1088页。

体所赋予的不朽。其二，中国文化激励人在现实社会将善的、有积极意义的方面加以弘扬。中国文化认为，人是自己生命和生活的主宰。人不是被开发和导引者，而是"弘道"的主体。人首先要深入生活，而不是远离世俗社会，并在社会生活中将好的、善的、有积极意义的方面加以实践和弘扬。在这一过程中，人要始终有超越的心态和行动。因为，世俗社会中有更多不尽如人意的方面。如果不能"所见者大"，不能坚守有意义、有价值的方面，不能有向上、向善的努力，那么，就不可能将超越进行下去，也不可能实现"不朽"的人生。

实际上，中国"和合"文化以群体为本位。群体主义是中国"和合"文化的价值观。其中的"义"和"大同"是主要追求的价值目标。"义"为相宜、应当，主要指群体的利益和价值趋向。"义"是中国"和合"文化的重要语言表达形式。合义即合大道。第一，合义符合社会群体中大多数人的最大利益。第二，合义符合社会的正义，符合社会的伦理准则和道德规范。第三，合义在根本上合乎社会弱势群体或底层民众的基本要求和价值诉求。如果将"义"在社会中真正实现，就是《礼记·礼运》中所言的"大同"世界："大道之行也，天下为公，选贤与能，讲信修睦。故人不独亲其亲，不独子其子，使老有所终，壮有所用，幼有所长，鳏、寡、孤独、废疾者皆有所养。"所以，中国"和合"文化的本质是求平等、正义，求人人在现实社会之中享有尊严和幸福。

中国"和合"文化强调"忠"，个人对家庭、职业、群体、民族、人类要尽忠。"忠"即尽心竭力，在个人的职业等社会行

为中，有责任有担当，有所成就。《左传》言"公家之利，知无不
为，忠也"，"临患不忘国，忠也"。①《忠经》言："天之所覆，
地之所载，人之所履，莫大乎忠。忠者，中也，至公无私。……忠
也者，一其心之谓也。为国之本，何莫由忠。"②"忠"价值实践的
本质：一体现在为公家之利的贡献，二体现在国家民族面临危难之
时的节操坚守，三体现在自己职责之中的勤勉努力。将个体生命的
联系与超越放在人的职业之中，放在日常的工作实践之中，使联系
与超越更具现实性和目标性。

　　中国"和合"文化强调和平，核心是秩序、友善、和谐。尊
崇人与人、家与家、国与国，在律己基础上的平等相处，和谐共
存。律己的重要方面是人的思维方式和行为方式要坚守"中"，即
中庸之道。《中庸》言："中也者，天下之大本也；和也者，天
下之达道也。致中和，天地位焉，万物育焉。"③人的为人处世要
不偏不倚，不走极端，恰到好处。中国文化极力强调人的行为实践
的培养。孔子教育弟子要"惠而不费，劳而不怨，欲而不贪，泰而
不骄，威而不猛"。人只有在思维和行为上不自私自利，坚持按正
义、良知和事物运行发展的规律行事，人的自我身心才会处于平和
自在的状态。而这正是构建中华民族和平主义理念的人学、人性基
础，是中国人奉行和平主义基本价值观的内驱力。

　　中国"和合"文化的外显或符号形式是礼乐文化。"礼之用，

---

① 杨伯峻：《春秋左传注》，中华书局，2011年，第1205页。

② 马融：《忠经·天地神明章第一》，明嘉靖四十五年刻本，第9页。

③ 朱熹：《四书章句集注》，中华书局，2014年，第18页。

和为贵"[①]，"乐者，通伦也"是礼乐对维系和平的价值意义。和平的基础建立在尊重和人道的前提下，强调将人当人看，将心比心，"我不欲人之加诸我也，吾亦欲无加诸人"[②]。和平强调礼貌和修养，注重交往伦理和交谈伦理，谋求与邻为善、以邻为伴、共生共荣，实现在与他人和社会群体的现实联系之中的生命的丰满和安详，将超越放在绵长恒久且浓郁的礼乐和人情氛围之中，实现善与美的本质合一。

（三）生命圆满状态的形成

中国"和合"文化对人生命境界的提升，其理想之处是人的生命圆满状态的形成。不论是儒家的"圣人"、道家的"真人"式理想人格，还是佛教讲的自觉觉他、觉行圆满的"佛"的境界，其核心均是"合一"的状态，即生命的圆满状态。

所谓生命的圆满状态，有三个层面，一是人己合一；二是人群合一；三是人与自然合一，即天人合一。孔子言"七十而从心所欲不逾矩"，道家言与道合一，实际上均是这种生命圆满状态的形式与展现。

如上所言，中国"和合"文化在中国人的人己合一与人群合一中，在中国人的生命发展中，在人实现生命的联系与超越中，得以完成。而天人合一则是人的生命圆满状态形成的宇宙观要求。

---

① 杨伯峻：《论语译注》，中华书局，2014年，第7页。
② 杨伯峻：《论语译注》，中华书局，2014年，第45页。

在中国文化中，《周易》《老子》《黄帝内经》等均将天、地、人看作三个相通相成的联系体、结合体。人的发展应该是："与天地相似，故不违。知周乎万物，而道济天下，故不过。旁行而不流，乐天知命，故不忧。安土敦乎仁，故能爱。"①在儒家文化中，人与天的合一是生命之道与生命之德的合一。孟子讲："尽其心者，知其性也。知其性，则知天矣。"②《中庸》言："唯天下之至诚，为能尽其性；能尽其性，则能尽人之性；能尽人之性，则能尽物之性；能尽物之性，则可以赞天地之化育；可以赞天地之化育，则可以与天地参矣。"③首先，儒家伦理将天性与人性在道义上合二为一，即人性之善与天性之善在本质上是一致的。但穷天性必始于穷人性，知天性必始于知人性。人按良心行事就是按天理行事。人只要向内用功，实现内在超越，就是与天道合一。其次，天性通过人性的自我实现来将天性世俗化、人间化。人按良知实现本性是在替天行道，并有帮助天道培育万物的功劳。再次，人只要按道义行事，就能顶天立地，至大至刚，而与天地并立，人的生命的意义与价值在这种合一中得以充分弘扬。"仁者，以天地万物为一体。"④在这个意义上，人的生命的有限性与天道宇宙的无限性合为一体，人的善性与天道的善性合为一体，人对正义和真理的追求与天道的秩序和规律合为一体。人在这种合一的过程中，不仅实现着

① 周振甫：《周易译注》，中华书局，2013年，第247页。
② 杨伯峻：《孟子译注》，中华书局，2014年，第278页。
③ 朱熹：《四书章句集注》，中华书局，2014年，第33页。
④ 程颢，程颐：《二程集》，中华书局，2012年，第15页。

生命圆满的状态，即与天地合其德的状态，而且，也实现着人的生命的终极关切和终极追求。

在道家文化中，人与天的合一是本体论，即生命本质与本真的合一。人的原初的本性是自然的、素朴的。道家要人"复归于婴儿"，"归于朴"，"复其初"，是要将人在生命的本质上与天道的自然合二为一。不妄为，不造作，似水之柔弱，谦下，厚德而和光同尘，宽容而知足，功成不居，坚守虚与静，以与道合一。道家的归初、归朴根本上是归一，即将人之身心全然归为与自然的合一。在人的身心发展上，道家要人"物物而不物于物"，"不自见，故明；不自是，故彰；不自伐，故有功；不自矜，故长"[1]，"不刻意而高，无仁义而修，无功名而治，无江海而闲，不道引而寿。无不忘也，无不有也，淡然无极而众美从之"[2]。首先，人不要对人之"我"刻意关注和弘扬，不要有任何与自然、与"道"、与本真相分离的方面。其次，人要追求与天道合其性、合其命，即拥有像天地般独立、合一与自由的境界。与道合一的生命体根本上是独立自在的，人应是一个小宇宙。人只有将小宇宙式的生命合于大宇宙式的"道"的洪流及规律场中，才能获得圆满而自由的境界。这既是人的生命的圆满状态，是人的审美的意境，也是人生命的终极追求状态——人生命的本真呈现与超越意境在合一中全然实现。

中国"和合"文化奠基的中国人的生命伦理观在于：其一，生命的发展是阴阳和合的产物。生命的成长、发展与繁盛必须合自然

---

① 陈鼓应：《庄子今注今译》，中华书局，2013年，第150页。
② 陈鼓应：《庄子今注今译》，中华书局，2013年，第423–424页。

的规律与发展之道——人是自然的产物；人生命的小宇宙必须合天地大宇宙的运行规律才能存在和发展。这是人生存与发展的理性自觉，中国人的生命发展观奠定在这一基础之上。其二，天地自然的生之道即是善之道。人秉天地之道，必然要将仁善之性加以弘发。因为仁善之性即生之性，生命的本质之性。人生命的价值与意义不在于小我，即自然之我、自私之我、自利之我的享有与实现，而在于大我，即仁善利他之我、和平超越之我，不朽“大同”之我的实现。人只有在超越本我之中才能享有自由幸福的境界。其三，人生的终极追求在于生命圆满的状态。这种圆满是合一的，是人的生命自有、本有、永有的本质呈现。人在生命圆满之中，将人、我、他，将社会、群体、自然，将过去、现在、未来全然纳入生命之中，实现终极的“在”。在这种意义上，中国“和合”文化的真、善、美的意境，生命的终极关切得以呈现。也正是在这一基础之上，“和合”成为中国文化的核心价值观之一，成为中国人的精神追求与精神信仰的重要组成部分——在“和合”的追求及意境中，中国人的生命伦理观得以实现。

三、中国人"天人合一"、人类命运共同体价值观的建立与发展

（一）"天人合一"自然价值观的建立与发展

在中国传统文化建立和发展的进程中，"和合"文化不仅深刻影响了中国人的个体生命及其发展，而且影响了群体宇宙观、价值观和文化心理观，成为中国人发展的重要精神皈依。其中，"天人合一"自然价值观的建立是中国人处理人与自然关系的总纲。

如上所述，不论是上古文化的阴阳相和、始生万物的观念，还是《周易》《老子》《黄帝内经》的思想阐发；不论是以孔子、孟子为代表的儒家人与道义论意义上的天的合一，还是以老子、庄子为代表的道家人与自然论意义上的天的合一等，中国"和合"文化对中国人世界观、价值观的影响是深刻而全面的。

首先，中国人认为人与宇宙万物处在同一场域之中，人不仅是类群体的存在者，也是宇宙万物一体场域中的存在者。张载对中国人宇宙论、万物一体论进行了深入概括："乾称父，坤称母；予兹藐焉，乃混然中处。故天地之塞，吾其体；天地之帅，吾其性。民，吾同胞；物，吾与也。大君者，吾父母宗子；其大臣，宗子之家相也。尊高年，所以长其长；慈孤幼，所以幼其幼；圣，其合

德；贤，其秀也。凡天下疲癃、残疾、惸独、鳏寡，皆吾兄弟之颠连而无告者也。于时保之，子之翼也；乐且不忧，纯乎孝者也。违曰悖德，害仁曰贼，济恶者不才，其践形，惟肖者也。知化则善述其事，穷神则善继其志。不愧屋漏为无忝，存心养性为匪懈。恶旨酒，崇伯子之顾养；育英材，颖封人之锡类。不弛劳而底豫，舜其功也；无所逃而待烹，申生其恭也。体其受而归全者，参乎！勇于从而顺令者，伯奇也。富贵福泽，将厚吾之生也；贫贱忧戚，庸玉汝于成也。存，吾顺事；殁，吾宁也。"①这种思想，深刻表达了"和合"文化的本质——人不仅要意识到人与宇宙万物的合一，而且要积极主动地关爱这一场域中的所有存在。从道德价值观上言，人与宇宙万物的合一，是德行上的合一。换句话说，能积极合一者是道德境界提升的必然要求，也是修为境界中的自觉、持续和圆满追求的过程。这是中国"和合"文化将知识理性与价值理性相合一的深刻体现。

其次，中国"和合"文化将人与天地万物视为同一律的存在，即天地万物和人受共同规律的作用，人应主动同天地万物的规律相契合。《周易·系辞上》提出："一阴一阳之谓道。"早期道教著作《太平经》中提出："天虽上行无极，亦自有阴阳，两两为合……地亦自下行何极，亦自有阴阳，两两为合。如是一阴一阳，上下无穷，傍行无竟。大道以是为性，天法以是为常，皆以一阴一阳为喉衿，今此乃太灵自然之术也。"又指出"阴阳者，要在中

① 林乐昌编校：《张载全书·正蒙·乾称篇》，西北大学出版社，2014年，第53-54页。

和，中和气得，万物滋生"，阴阳和合而生化万物，其中的规律是人与自然万物共同遵从的。道家的"故道大，天大，地大，人亦大。域中有四大，而人居其一焉。人法地，地法天，天法道，道法自然"①，人与天地万物共处道中，都遵从同一规律。宋儒程颐言："安有知人道而不知天道者乎？道一也，岂人道自是一道，天道自是一道？……天地人只是一道，才通其一，则余皆通。"②人在自然本然意义上应该与自然规律相契合，这是人修身悟道的核心要义。中国"和合"文化对人的影响在于：人原本是自然之子，应遵从自然的规律成长发展；规律是必然的、外在的，不以人的意志为转移的；人与自然规律的契合是主动要格物致知的学习过程、实践过程与修养觉悟过程；人掌握自然规律的过程是人实现由必然王国进入自由王国的必需，是获得"从心所欲不逾矩"的人性圆满境地的必需。

再次，人与自然合其德、合其律，在实践层面就要与自然共同发展、和谐发展与持续发展。中国古人很早就意识到，不论是个人还是国家治理者，对自然万物的依存、保护、关爱都是实践"天人合一"的核心层面，甚至人还有帮助天地培育万物的责任与伦理义务，这就是"与天地参"。中国人的观念中，自然发展是有规律的，人必须在规律的意义上与自然保持同步发展。在现实生产生活中，人要谋求与自然的和谐相处，既不能凌驾自然，更不能破坏自然。孔子言"唯天为大，唯尧则之"③。孟子的"仁民而爱物"，强

---

① 陈鼓应：《老子注释及评介》，中华书局，2014年，第159页。
② 《二程遗书·卷十八》，影印清文渊阁四库全书本，第113页。
③ 杨伯峻：《论语译注》，中华书局，2014年，第82页。

调"数罟不入洿池，鱼鳖不可胜食也；斧斤以时入山林，材木不可胜用也"①。荀子言"天地者，生之本也"②，指出"圣王之制也，草木荣华滋硕之时，则斧斤不入山林，不夭其生，不绝其长也……春耕、夏耘、秋收、冬藏，四者不失时，故五谷不绝，而百姓有余食也；污池渊沼川泽，谨其时禁，故鱼鳖优多而百姓有余用也；斩伐养长不失其时，故山林不童，而百姓有余材也"③。这种与天地万物共生存、共发展的理念将中国人保护自然、和平利用自然的人与自然共生价值观进行了深入奠基，是中华民族持续发展的重要环境伦理观。

在《中庸》中，提出"诚者，天之道也；诚之者，人之道也"④。并将人达到至诚视为可以"赞天地之化育"，即可以帮助天地来培育万物。如此，则可以达到"与天地参"的地步。朱熹提出："赞天地之化育，人在天中间，虽只是一理，然天人所为，各自有分。人做得底，却有天做不得底，如天能生物，而耕种必用人；水能润物，而灌溉必用人；火能熯物，而薪爨必用人。裁成辅相，须是人做，非赞助而何？……至于尽物，则鸟兽虫鱼，草木动植，皆有以处之，使之各得其宜。"⑤"与天地参"是要充分发挥人的积极性、主动性、能动性，实现帮助天地培育万物的功效。人由此可以与天地处在并列的位置上，实现人由辅助天地、成长万物

---

① 杨伯峻：《孟子译注》，中华书局，2014年，第5页。
② 梁启雄：《荀子简释》，中华书局，2012年，第256页。
③ 梁启雄：《荀子简释》，中华书局，2012年，第110页。
④ 朱熹：《四书章句集注》，中华书局，2014年，第31页。
⑤ 朱熹：《论语　大学　中庸》，上海古籍出版社，2013年，第287页。

的工具性存在，进而达到在信念上、精神上与天地并立，天、地、人"三才"式的价值性存在——中国"和合"文化中人的恒久性存在的意义得以呈现。这奠定了中国人同自然共生，和谐、永续性发展的自然法则、道德法则和信仰法则，保障了中华民族与自然的和谐共处，并为人类的环境伦理文明做出了贡献。

（二）人类命运共同体的价值理念及理想目标的追求

中国"和合"文化在人类社会中的实践，在于推动人类命运共同体的价值理念及理想目标的实现。在《尚书·洪范》篇中言："无偏无党，王道荡荡；无党无偏，王道平平；无反无侧，王道正直。"①以宽广、和平、正直来追求共同的生存与发展，以"仁爱""德治""礼义廉耻""诚信"等道德价值来推动和维系。在人类文明发展史上，中华民族追求人类命运共同体的实现是以群体主义、和平主义、仁爱主义的道德理想及理性精神来全力推动的，所谋求的是人类的共同生存与发展、共赢与共享。

首先，群体主义是人类命运共同体价值理念的基础。以群体为本位是中国"和合"文化人类共生主义道德理想的核心。这其中，以中国传统儒家为代表的文化价值观的推动起到重要作用。

在儒家看来，个人、群体、国家应该统一起来。一个人要生活得有意义、有价值，一要积极入世，人不能将希望寄托于天国，寄

---

① 李民，王健：《尚书译注》，上海古籍出版社，2016年，第237页。

托于来世，而应该在现实的修身、齐家、治国、平天下中去寻找生活的意义与幸福。在义利之说，这个被朱熹称为"儒者第一义"的重要问题上，儒者要人坚持"义"，即群体之公利，反对"利"，即个人之私利。尽管其义利观有失于偏颇的方面，但维护群体的利益是其价值指归。二要努力在群体中创建事功，实现自己的价值，寻求永恒与不朽的人生意义。"太上有立德，其次有立功，其次有立言，虽久不废，此之谓三不朽。"立德、立功、立言，人要在群体中寻求可"立"者，创建可"立"者，不能随世漂流，无所事事。曾子曰："士不可以不弘毅，任重而道远。仁以为己任，不亦重乎？死而后已，不亦远乎？"[1]弘道建功，不屈不挠，鞠躬尽瘁，死而后已，这是儒家极力推崇和倡导的个人的价值观、理想观。

中国"和合"文化的群体主义以"大同"社会的理想为目标。"大道之行也，天下为公。"这种"大同"社会既是世界人类的大同，又是"民为邦本"社会的实现。在这个前提下，中国传统优秀文化并不只唯统治者的马首是瞻。儒家反对苛政、暴政，反对统治者腐朽糜烂的生活；指出当政者应以"民为贵"，应不违民，不离民，不欺民，"与民同乐"，"乐以天下，忧以天下"。在"义"的价值标准下，群体主义与"以民为本"、"大同"社会的理想三位一体，共同构成了中国"和合"文化和谐社会、和谐世界的社会理想、政治道德理想。

其次，和平主义是人类命运共同体实践的核心推动力。中国

---

① 杨伯峻：《论语译注》，中华书局，2014年，第79页。

"和合"文化倡导和平，倡导人与人之间的和谐、平等、友善。在中国"和合"文化看来，人类和平的前提是培养人的自律精神，培养起人的意志自律、品德自律和行为自律。其核心在于将他人当人看，当人对待，珍视他人的利益，珍视他人的生命尊严和生命价值。儒家重严于律己而宽以待人。律己重在节制自己，"己所不欲，勿施于人"；善推其欲念，不将个人的欲望凌驾于他人之上，"我不欲人之加诸我也，吾亦欲无加诸人"。①同时，将社会的道德规范和法律制度引向内心，自觉地加以遵守，将他律同自律理性地结合在一起。宽以待人，重在培养人的诚实、守信、宽厚、庄重、谦逊、慈惠、温和等品质，尊重他人，善待他人，形成一种宽松、和谐、彬彬有礼的人际关系和环境氛围，实现"和为贵"。

"和"，并非不讲原则，而是"同而不和"。在人的思维方式、行为准则上要求坚持中庸之道的原则，不过亦无不及。中庸之道是儒家一以贯之的道德准则。中道、中行、和平是中国"和合"文化奉行的基本道德信念和道德原则。中华民族是一个爱好和平的民族。和平是儒家的道德理想，也是中华民族的道德理想。在当今世界，和平与发展仍然是人类面临的两大主题。人类渴望和平，渴望人类之间的相互友爱、和平共处、共同发展。中国"和合"文化倡导的建立在人道基础上的和平主义，以个人的自律和对他人生命的尊重为前提，把握住了和平主义的本质。"己所不欲，勿施于人"，应该成为和平主义者信奉和实践的基本准则。善推其所为，

---

① 杨伯峻：《论语译注》，中华书局，2014年，第45页。

将心比心，推己及人，不仅人与人之间，而且国家与国家之间、民族与民族之间都能如此，那么和平的曙光就会出现，人类和谐世界及命运共同体的建立才会成为可能。

再次，仁爱主义是实现人类命运共同体价值理念的内驱力。中国"和合"文化的内在精神是爱人。儒家认为"人者仁也"，而"仁"的精神在于"爱人"，"己欲立而立人，己欲达而达人"[1]，推己及人，推恩及人。首先给生养自己的父母和自己的兄长以"孝""悌"；在此基础上，"泛爱众"，"老吾老以及人之老，幼吾幼以及人之幼"，将仁爱的情怀推至众生，推至四海。"以天下为一家，以中国为一人"，实现人己合一，人群合一，而共生共长、共盛共荣。为此，仁爱还表现为政治伦理，表现为治理国家群体中的"德治"的命令与要求。"其身正，不令而行；其身不正，虽令不从"，要给民众以实际的利益，爱民、养民、利民、富民、教民、安民、博施于民。仁爱情怀的进一步发展就是爱物。"是故立必俱立，知必周知，爱必兼爱，成不独成"，要"民，吾同胞；物，吾与也"。由人及物，由人类及自然，天人合一，万物一体。仁爱的思想广及宇宙，不仅人类应共生，而且应同宇宙万物一起共生存、共成长，由人类共生主义而至宇宙共生主义，这是"仁"的精神的最高体现。

在现代社会，在构建人类命运共同体的过程中，中国传统仁爱精神的弘扬极为迫切。在世界经济发展的大潮中，义与利的对立变

---

[1]　杨伯峻：《论语译注》，中华书局，2014年，第64页。

得比以往任何时候都更加尖锐。现在看来，人类面临的不是"利"愈来愈贫乏，而常常是"义"愈来愈贫乏。从本质上说，人类需要"义"，需要"仁爱"，并不亚于需要"利"，需要"金钱"。在世界一体化的进程中，一些集团为了自己的私利而置和平发展、人类共同命运于不顾，或侵夺而发动战争，或本位而壁垒高筑，或唯我而冷漠狭隘，或仗势而一意孤行，如此等等，在核武器存在和发展的时期，在人类面临越来越多的恐怖威胁的境况下，在世界仍然处在强弱分化的现实境遇时，人类现在比以往任何时期都需要高举"仁爱"的旗帜，发挥"仁爱"的精神，这是现代社会人类"构建人类命运共同体，实现共赢共享"的重要方面。

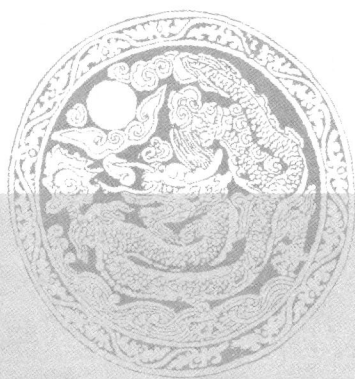

经典中的「和合」

一、《国语》中的"和合"

　　《国语》是关于西周（前11世纪—前771）、春秋（前770—前476）时周、鲁、齐、晋、郑、楚、吴、越八国人物、事迹、言论的国别史杂记，也叫《春秋外传》。现版本的《国语》是这些残存记录的总汇。因为是口耳相传的零星记录，内容主要是以对话的形式表述，国别和年代的区分、排列没有严格标准。

　　《国语》相传是春秋末期鲁人左丘明所作，与《左传》并列为解说《春秋》的著作。也有学者认为是战国时盲史官讲述的史事被后人辑录成书，叫作《语》，全书21卷，按照国别区分，总称《国语》。《国语》记载了很多西周、春秋的重要事件。《国语》是一价值极高的原始史料，司马迁著《史记》时就采用了其中很多内容。

【作者简介】

　　左丘明（前556—前451），春秋末期鲁国都君庄（今山东省肥城市石横镇东衡鱼村）人。姓丘，名明，因其父任左史官，故称左丘明。春秋末期史学家、文学家、思想家、军事家，与孔子同时代。左丘明知识渊博、品德高尚，孔子言与其同耻。曰："巧言、令色、足恭，左丘明耻之，丘亦耻之；匿怨而友其人，左丘明耻之，丘亦耻之。"太史令司马迁称其为"鲁之君子"。

【选文】

公曰："周其弊乎？"对曰："殆于必弊者也。《泰誓》曰[1]：'民之所欲，天必从之。'今王弃高明昭显[2]，而好谗慝暗昧；恶角犀丰盈，而近顽童穷固。去和而取同。夫和实生物，同则不继。以他平他谓之和，故能丰长而物归之；若以同裨同，尽乃弃矣。故先王以土与金木水火杂，以成百物，是以和五味以调口，刚四肢以卫体，和六律以聪耳[3]，正七体以役心[4]，平八索以成人[5]，建九纪以立纯德[6]，合十数以训百体[7]。出千品，具万方，计亿事，材兆物，收经入，行垓极。故王者居九垓之田，收经入以食兆民，周训而能用之，和乐如一。夫如是，和之至也。于是乎先王聘后于异姓，求财于有方，择臣取谏工而讲以多物，务和同也。声一无听，物一无文，味一无果，物一不讲。王将弃是类也而与剸同[8]，天夺之明，欲无弊，得乎？"——《国语·郑语》

【注释】

①《泰誓》：指《尚书·周书·泰誓》。

②王：指周幽王。

③六律：指十二律中阳声之律，即黄钟、太簇、姑洗、蕤宾、夷则、无射六种音律。

④七体：指人的两耳、两目、口、两鼻孔七窍。

⑤八索：指人的首、腹、足、股、目、口、耳、手八个部分。古人以人体八个部分对应八卦。

⑥九纪：指人的内脏，即心、肺、肝、肾、脾、胃、肠、胆、膀胱。

⑦十数：这里指王、公、大夫、士、皂、舆、隶、僚、仆、台十等人。

⑧制：专擅。

【翻译】

桓公说："周朝将会衰败吗？"史伯回答说："差不多一定要衰败了。《尚书·泰誓》上说：'老百姓所向往的，上天必定会遵从。'现在周幽王抛弃光明正大有德行的人，喜欢挑拨是非、奸邪阴险的人；讨厌贤明正直的人，亲近愚顽鄙陋的人。排斥与自己意见不一致的正确主张，采纳与自己相同的错误说法。其实和谐才能生成万物，同一就不能发展。把不同的东西加以协调平衡叫作和谐，所以能丰富发展而使万物归于统一；如果把相同的东西相加，用尽了之后就完了。所以先王把土和金、木、水、火相配合，而生成万物。因此调配五种滋味以适合人的口味，强健四肢来保护身体，调和六种音律使其动听悦耳，端正七窍来为心服务，协调身体的八个部分使人完整，设置九脏以树立纯正的德行，合成十种等级来训导百官。于是产生了千种品位，具备了上万方法，计算成亿的事物，经营万亿的财物，取得万兆的收入，采取无数的行动。所以君王拥有九州辽阔的土地，取得收入来供养万民，用忠信来教化和使用他们，使他们协和安乐如一家人。这样的话，就是和谐的顶点了。于是先王从异姓的家族中聘娶王后，向四方各地求取财货，选择敢于直谏的人来做官吏，处理众多的事情，努力做到和谐而不是同一。只是一种声音就没有听头，只是一种颜色就没有文采，只是一种味道就不成其为美味，只是一种事物就无法进行衡量比较。周幽王却要抛弃这种和谐的法则，而专门喜欢同一。上天夺取了他的聪明，要想不衰败，可能吗？"

【解读】

西周太史史伯为郑桓公分析天下大势时指出，西周将亡，原因是周王亲小人，远贤臣，不顾人民的意愿，且"去和而取同"。史伯认为："和实生物，同则不继。"把"和"与"同"作为对立的范畴列出。什么是"和"？什么是"同"？它们之间本质的不同在哪里呢？史伯认为："以他平他谓之和，故能丰长而物归之。"并举例分析说：金木水火土相配合，能生成万物；酸甜苦辣咸五种滋味，能满足人们口味，协调六种音律能悦耳，端正七窍能服务于心智。总之，"和"就是综合多种因素，使之相互配合协调来组成新的事物或达到理想的效果。

史伯还从反面论证"和"与"同"的问题：只有一种声音就听不到美妙的音乐，只有一种事物就构成不了世界的五彩缤纷，只有一种味道就品尝不到果实的美味，只有一种东西就没法进行优劣的比较。反过来就是说，只有允许不同的事物存在，才能有对比，有竞争，有发展，有提高，才能造就五光十色、欣欣向荣的局面，此即所谓"和实生物"；否则便陷入单调、乏味、萧条、冷落乃至死亡的境地，即所谓"同则不继"。

因此，史伯之所谓"和"，包含多样性，承认差异性，不排斥矛盾甚至冲突，但最终要达成更高层次的统一与协调，即"和谐"。这意思用现在的话来概括，"和"就是"多样的统一"。

二、《左传》中的"和合"

《左传》是儒家"十三经"之一，共35卷。它既是史学名著，也是文学名著。它还是中国第一部叙事详细的编年史著作。相传是春秋末年鲁国史官左丘明根据鲁国国史《春秋》编成，他以《春秋》为纲，仿照《春秋》体例，按照鲁国君主的次序，记载了自鲁隐公元年至鲁哀公二十七年间春秋霸主递嬗的历史。《左传》原名《左氏春秋》，到东汉班固时才又改称《春秋左氏传》，保存了许多当时社会文化、自然科学等方面的珍贵史料，在史学上占有极其重要的地位，梁启超称《左传》的出现是"商周以来史界之革命"。

【作者简介】

左丘明（前556—前451），春秋末期鲁国都君庄（今山东省肥城市石横镇东衡鱼村）人。姓丘，名明，因其父任左史官，故称左丘明。春秋末期史学家、文学家、思想家、军事家，与孔子同时代。左丘明知识渊博、品德高尚，孔子言与其同耻。曰："巧言、令色、足恭，左丘明耻之，丘亦耻之；匿怨而友其人，左丘明耻之，丘亦耻之。"太史令司马迁称其为"鲁之君子"。

【选文】

齐侯至自田①，晏子侍于遄台，子犹驰而造焉。公曰："唯据与我和夫②！"晏子对曰："据亦同也，焉得为和？"公曰："和与同异乎?"对曰:"异。和,如羹焉。水、火、醯、醢、盐、梅③,以烹鱼肉,燀之以薪④,宰夫和之,齐之以味,济其不及以泄其过⑤,君子食之,以平其心。君臣亦然。君所谓可而有否焉,臣献其否以成其可⑥;君所谓否而有可焉,臣献其可以去其否。是以政平而不干⑦,民无争心。故《诗》曰:'亦有和羹,既戒既平,鬷嘏无言,时靡有争。'⑧先王之济五味,和五声也,以平其心,成其政也。声亦如味,一气、二体、三类、四物、五声、六律、七音、八风、九歌⑨,以相成也。清浊、小大、短长、疾徐、哀乐、刚柔、迟速、高下、出入、周疏,以相济也。君子听之,以平其心,心平德和。故《诗》曰:'德音不瑕。'今据不然。君所谓可,据亦曰可;君所谓否,据亦曰否。若以水济水,谁能食之?若琴瑟之专一,谁能听之?同之不可也如是。"——《左传·昭公二十年》

【注释】

①齐侯:指齐景公。田:打猎。

②据:梁丘据,即子犹。

③醯(xī):醋。醢(hǎi):肉酱。

④燀:炊煮。

⑤济:增加。泄:减少。

⑥献:进言。否:不可。

⑦不干:不扰乱。

⑧亦有和羹,既戒既平,鬷(zōng)嘏无言,时靡有争:见《诗经·商颂·烈祖》。还有调好的羹汤,五味齐备又适中,敬请神明享用,上下和睦不争斗。戒,备。平,成。嘏,至。

⑨二体：乐有刚柔阴阳。一说乐舞有文武二体，文舞执羽龠，武舞执干戚。三类：《诗经》有风、雅、颂三类。四物：乐器由金、石、丝、竹等四方出产的物品制成。五声：宫、商、角、徵、羽。六律：黄钟、太簇、姑洗、蕤宾、夷则、无射。七音：五声再加上变宫、变徵。八风：八方之风。九歌：歌九功之德，九功为水、火、木、金、土、谷、正德、利用、厚生。

【翻译】

景公从打猎的地方回来，晏子在遄台随侍，梁丘据也驾着车赶来了。景公说："只有梁丘据与我和谐啊！"晏子回答说："梁丘据也不过是相同而已，哪里能说是和谐呢？"景公说："和谐与相同有差别吗？"晏子回答说："有差别。和谐就像做肉羹，用水、火、醋、酱、盐、梅来烹调鱼和肉，用柴火烧煮。厨工调配味道，使各种味道恰到好处；味道不够就增加调料，味道过重就用水冲淡一下。君子吃了这种肉羹，用来平和心性。国君和臣下的关系也是这样。国君认为可以的，其中也包含了不可以，臣下进言指出不可以的，使可以的更加完备；国君认为不可以的，其中也包含了可以的，臣下进言指出其中可以的，去掉不可以的。因此，政事平和而不违背礼仪，百姓没有争斗之心。所以《诗经·商颂·烈祖》中说：'还有调好的羹汤，五味齐备又适中。敬献神明来享用，上下和睦不争斗。'先王使五味相互调和，使五声和谐动听，用来平和心性，成就政事。音乐的道理也像味道一样，由一气、二体、三类、四物、五声、六律、七音、八风、九歌各方面相配合而成，由清浊、小大、短长、疾徐、哀乐、刚柔、迟速、高下、出入、周疏各方面相调节而成。君子听了这样的音乐，可以平和心性。心性平和，德行就协调。所以，《诗经·豳风·狼跋》说：'美好音乐没瑕疵。'现在梁丘据不是这样。国君认为可以的，他也说可以；国君认为不可以的，他也说不可以。如果用水来调和水，谁能吃下去？如果用琴瑟老弹一个音调，谁能听下去？相同的不可以的道理，就像这样。"

【解读】

晏子在回答齐侯"和与同异乎"这一问题时，用举例来说明，晏子议论的是君主的治国理政如何才能更合理、更科学。晏子认为厨师做羹要用各种不同的味来调制，才能得到美味；乐师要融合不同的音乐元素，协调不同特色的声音，才能创造出美妙的音乐。君主治理国家也是一个道理，制定一项决策，发布一项命令，要善于倾听不同的意见，正面的意见要听，反面的意见更要听，这样相互补充，拾遗补阙，使决策或命令更完善合理，君臣之间就能在更高水平上达到和谐的状态。

后来，晏子的"和、同"思想，又被孔子归纳提升为区分君子与小人的标准："君子和而不同，小人同而不和。"即是说在为人处世方面，正确的方法应该是既坚持原则又不排斥不同意见，在相互争论辩解中达成共识，而不是虚与委蛇，随声附和，人云亦云。

所以，综上而言，"和"的基本意思就是，充分尊重创造性、差异性，慎重处理各种错综复杂的矛盾，广泛参考借鉴学习不同意见，兼收并蓄，博采众长，达到理想的状态——和谐。正是在此意义上，"和"又与一切美好的东西相连，如和谐、和平、和睦、和气、和善、和美、和乐、祥和、柔和、温和、亲和，等等。由此，

"和"就被视为中国文化的审美理想和至高境界。

【选文】

郑子产有疾。谓子大叔曰："我死，子必为政。唯有德者能以宽服民①，其次莫如猛。夫火烈，民望而畏之，故鲜死焉。水懦弱，民狎而玩之，则多死焉，故宽难。"疾数月而卒。

大叔为政，不忍猛而宽。郑国多盗，取人于萑苻之泽②。大叔悔之，曰："吾早从夫子，不及此。"兴徒兵以攻萑苻之盗③，尽杀之，盗少止。

仲尼曰："善哉！政宽则民慢，慢则纠之以猛。猛则民残，残则施之以宽。宽以济猛，猛以济宽，政是以和。《诗》曰：'民亦劳止，汔可小康④；惠此中国，以绥四方。'施之以宽也。'毋从诡随⑤，以谨无良；式遏寇虐，惨不畏明。'纠之以猛也。'柔远能迩，以定我王。'平之以和也。又曰：'不竞不絿⑥，不刚不柔，布政优优，百禄是遒⑦。'和之至也。"

及子产卒，仲尼闻之，出涕曰："古之遗爱也。"——《左传·昭公二十年》

【注释】

①服：使……服从。

②取：通"聚"。

③萑（huán）苻：芦苇丛生的水泽，代指强盗出没的地方。

④汔（qì）：接近，差不多。

⑤从：通"纵"。诡随：放肆谲诈。

⑥絿（qiú）：急，急躁。

⑦遒：聚集。

【翻译】

郑国的子产得了病。他对子大叔说："我死以后，您必定主政。只有道德高尚的人能够用宽厚的政策使民众服从，其次的政策没有比刚猛更有效的了。比如烈火，民众望见就害怕它，所以很少有死在其中的。水柔弱，民众亲近并和它嬉戏，就有很多死在其中的，所以宽厚的政策难以实施。"子产病数月后死去。

大叔执政，不忍心严厉，而施行宽柔政策。郑国因此很多盗贼，他们从沼泽地招集人手。大叔后悔了，说："我早听从子产的，不会到此地步。"发兵去攻击沼泽地的盗贼，将他们全部杀灭，盗贼才稍微被遏止。

孔子说："好啊！政策宽厚民众就怠慢，民众怠慢就用刚猛的政策来纠正。政策刚猛民众就受伤害，民众受伤害了就施与他们宽厚的政策。用宽大来调和严厉，用严厉来补充宽大，政治因此而调和。《诗经》中说：'民众也劳累了，差不多可以稍稍安乐了；赐予城中的民众恩惠，用来安抚四方。'这是施与民众以宽厚啊。'不要放纵奸诈，用来防范邪恶；遏止盗贼肆虐，恶毒是不害怕美好的。'这是用刚猛来纠正啊。'宽柔对待远方的民众能够使大家亲近，这样来稳定我们的王朝。'这是用和缓的政策来使民众平安祥和啊。还有《诗经》说：'不争斗不急躁，不刚猛不柔弱，实施平和政策，所有的福祉汇集过来。'这是和平的极致啊。"

孔子听说子产逝世了，哭泣道："他是古代圣贤继承人啊。"

【解读】

子产名叫公孙侨，字子产，一字子美。出身贵族，为郑穆公之孙。他所处的时代正是王权衰落，诸侯征伐的时代。而其所处的郑国，在晋楚两个大国之间，处境尴尬且国力微弱。子产年少之时就表现出不同寻常的政治才华，深受国人钦佩。郑简公十二年（前554年）拜少正卿，正式踏上政治舞台。此后的几年里他以出众的外交能力为郑国赢得了数次胜利，奠定了日后执政的基础。

子产相郑后进行了一系列改革，"作封洫""作丘赋"以稳定经济，"铸刑书"以整顿社会，取得了很大的成就。与当时许多专权跋扈的卿大夫不一样，子产执政期间尤其注意广开言路，重视人才，也正因为如此，他身边聚集了许多拥有各种才华的人，决断果敢的冯简子、儒雅翩翩的子大叔、熟知各国情况的子羽、足智多谋的裨谌，他们都是被子产的才华与人格魅力所征服而团结在一起的。这使得子产执政的二十几年里，国家人事很少失误。"宽猛相济"的主张是他首先提出来的，对后世影响很大。他所说的"猛"，实际是为了预防犯罪，重点还是"宽"，所以得到孔子的赞赏。其实，事物本来是错综复杂的，宽与猛都不是绝对的而是互相渗透的，无论立法执法，都应斟酌情理，宽严结合。

三、《论语》中的"和合"

《论语》由孔子的弟子及再传弟子编写而成，主要记录孔子及其弟子的言行，较为集中地反映了孔子的思想，是儒家学派的经典著作之一。首创语录体并以其为主，叙事体为辅，集中体现了孔子的政治主张、伦理思想、道德观念及教育原则等。与《大学》《中庸》《孟子》并称"四书"。

【孔子简介】

孔子（前551—前479），子姓，孔氏，名丘，字仲尼，祖籍宋国栗邑（今河南省商丘市夏邑县），生于春秋时期鲁国陬邑（今山东曲阜）。孔子开创了私人讲学的风气，是儒家学派的创始人，思想家、教育家，与弟子周游列国14年，晚年修订"六经"，即《诗》《书》《礼》《乐》《易》《春秋》。相传他有弟子三千，其中贤人七十二。孔子去世后，其弟子及再传弟子把孔子及其弟子的言行语录和思想记录下来，整理编成儒家经典《论语》。

【选文】

子张问于孔子曰："何如斯可以从政矣①？"子曰："尊五美，屏四恶②，斯可以从政矣。"子张曰："何谓五美？"子曰："君子惠而不费，劳而不怨，欲而不贪③，泰而不骄，威而不猛。"子张曰："何谓惠而不费？"子曰："因民之所利而利之，斯不亦惠而不费乎？择可劳而劳之，又谁怨？欲仁而得仁，又焉贪？君子无众寡，无小大，无敢慢，斯不亦泰而不骄乎？君子正其衣冠，尊其瞻视，俨然人望而畏之，斯不亦威而不猛乎？"子张曰："何谓四恶？"子曰："不教而杀谓之虐；不戒视成谓之暴；慢令致期谓之贼；犹之与人也，出纳之吝谓之有司④。"——《论语·尧曰》

【注释】

①斯：就。

②屏：通"摒"，除去，排除，摈弃。

③欲而不贪：指其欲在实行仁义，而不在贪图财利。

④有司：本为官吏的统称，这里指库吏之类的小官。他们在财物出入时都要精确算计。从政的人如果这样，就显得吝啬刻薄而小家子气了。

【翻译】

子张问孔子说："怎样才可以治理政事呢？"孔子说："尊重五种美德，排除四种恶政，这样就可以治理政事了。"子张问："五种美德是什么？"孔子说："君子给百姓以恩惠而自己却无所耗费，使百姓劳作而不使他们怨恨，要追求仁德而不贪图财利，庄重而不傲慢，威严而不凶猛。"子张说："怎样叫给百姓以恩惠而自己却无所耗费呢？"孔子说："让百姓们去做对他们有利的事，这不就是对百姓有利而不掏自己的腰包嘛！选择可以让百姓劳作的时间和事情让百姓去做，这又有谁会怨恨呢？自己要追求仁德便得到了仁，又还有什么可贪的呢？君子对人，人数无论多少，势力无论大小，都不怠慢他们，这不就是庄重而不傲慢吗？君子衣冠整齐，目不斜视，使人见了就生敬畏之心，这不也是威严而不凶猛吗？"子张问："什么叫四种恶政呢？"孔子说："不经教化便加以杀戮叫作虐；不加告诫便要求成功叫作暴；不加监督而突然限期叫作贼；同样是给人财物，却出手吝啬，叫作小气。"

【解读】

《论语》中直接谈及"和"字的地方一共有8处，根据不同的语境，其内涵可以归结为4种不同的含义。第一种是团结、和睦的意思。比如"立之斯立，道之斯行，绥之斯来，动之斯和"，此处的"和"就是有道之人要发动百姓，百姓便会团结在一起的意思；另外在"均无贫，和无寡，安无倾"中，"和"体现的也是和睦团结之义。第二种是恰当、和谐的意思。"礼之用，和为贵……知和而和，不以礼节之，亦不可行也。"这句话强调礼的运用要"和为贵"，即达到和谐、恰到好处的境地最为可贵，为恰当而恰当、为和谐而和谐的行为是不可取的，必须运用礼加以节制。第三种是求同存异，在不同事物的矛盾与对立中实现和谐统一。在这层含义中，人们往往将"同"作为其对立面一同进行阐释。"君子和而不同，小人同而不和"，其中"同"指独一无二，毫无差别；"和"与此相反，指包容差异，具有多样性的统一。朱熹对此注曰："和者，无乖戾之心。"不会挑剔、指责他人，因而可以与他人和谐共存。"同者，有阿比之意"，阿谈攀比之下的同者必将走向不和。第四种是唱和的意思。"子与人歌而善，必使反之，而后和之"，指孔子与别人一起唱歌，在声音上的相互应和。《论语》中直接谈及"合"的地方相对比较少，只有2处，但也蕴含了两种不同的意义。"桓公九合诸侯，不以兵车，管仲之力也"，此处体现了"合"的第一种含义，即联合、召集、集合之义。"始有，曰：苟合矣。"这是"合"在《论语》中出现的第二处，讲述卫荆很节俭，善于居家理财，才有一点点就说差不多足够了，体现出了"合"的第二种含义，即满足、足够之义。

概括来讲，"和合"就是将人与社会以及自我内在的心灵等诸多要素统一在一个和合体中，经过摩擦、冲突之后逐渐协调，最后融会成一个统一的整体的过程，在这个过程当中，各种因素中的优质精华重新和合成为新的结构体，反映了"和合"思想的多样性与前进性。

四、《孟子》中的"和合"

《孟子》是中国儒家典籍中的一部，记录了战国时期思想家孟子的治国思想和政治策略，是孟子和他的弟子记录并整理而成的。南宋时朱熹将《孟子》与《论语》《大学》《中庸》合在一起称"四书"。自宋以来，它一直都是家传户诵的书。《孟子》是"四书"中篇幅最大的，有35 000字，一直到清末，"四书"一直是科举必考内容。

【作者简介】

孟子（前372—前289），名轲，字子舆（待考，一说字子车或子居）。战国时期鲁国人，鲁国庆父后裔。思想家、教育家，战国时期儒家代表人物，著有《孟子》一书。孟子继承并发扬了孔子的思想，成为仅次于孔子的一代儒家宗师，有"亚圣"之称，与孔子合称为"孔孟"。孟子幼年丧父，家庭贫困，曾受业于孔伋的学生。学成以后，以士的身份游说诸侯，想要推行自己的政治主张，到过梁国、齐国、宋国、滕国、鲁国。当时几个大国都致力于富国强兵，争取通过暴力的手段实现统一。孟子的仁政学说被认为是"迂远而阔于事情"，没有得到实行的机会。最后退居讲学，和他的学生一起，"序《诗》《书》，述仲尼之意，作《孟子》七篇"。

【选文】

天时不如地利[①]，地利不如人和[②]。三里之城[③]，七里之郭[④]，环而攻之而不胜[⑤]。夫环而攻之[⑥]，必有得天时者矣，然而不胜者[⑦]，是天时不如地利也。城非不高也，池非不深也，兵革非不坚利也，米粟非不多也，委而去之[⑧]，是地利不如人和也。

故曰，域民不以封疆之界[⑨]，固国不以山溪之险，威天下不以兵革之利。得道者多助[⑩]，失道者寡助[⑪]。寡助之至，亲戚畔之。多助之至，天下顺之。以天下之所顺，攻亲戚之所畔，故君子有不战，战必胜矣。——《孟子·公孙丑下》

【注释】

①天时：包括时令、气候等非人力所及的因素。

②地利：指有利于作战的地理形势。人和：指作战中的人心所向、内部团结。

③三里之城：方圆三里的内城。城，指内城。

④郭：外城，在城外加筑的一道城墙。

⑤环：围。

⑥夫：句首发语词。

⑦而：连词，表转折。

⑧委：放弃。

⑨封疆之界：划定的边疆界线。封，划定。疆，边疆。界，界线。

⑩得道者：实施仁政的君主。者，……的人，此处特指君主。道，正义。

⑪失道者：不实施仁政的君主。

【翻译】

有利于作战的天气、时令，比不上有利于作战的地理形势；有利于作战的地理形势，比不上作战中的人心所向、内部团结。方圆三里的内城、方圆七里的外城，四面包围起来攻打它，却不能取胜。采用四面包围的方式攻城，一定是得到有利于作战的天气、时令了，可是不能取胜，这是因为有利于作战的天气、时令比不上有利于作战的地理形势呀。城墙并不是不高，护城河并不是不深，武器装备也并不是不精良，粮食供给也并不是不充足，但是，守城一方还是弃城而逃，这是因为作战的地理形势再好，也比不上人心所向、内部团结啊。

所以说，使人民定居下来而不迁到别的地方去，不能靠划定的边疆的界线；巩固国防不能靠山河的险要；震慑天下不能靠武力的强大。能行仁政的君王，帮助支持他的人就多；不施行仁政的君主，支持帮助他的人就少。支持帮助他的人少到了极点，连亲属也会背叛他；支持帮助他的人多到了极点，天下所有人都会归顺他。凭着天下人都归顺他的条件，去攻打那连亲属都反对、背叛的君王，所以，君子要么不战斗，（如果）战斗就一定会取得胜利。

【解读】

孟子在这里说的"得道"和"失道"的人，都不是指普通的个人，而是指一国之君。一国之君既是战争的总指挥，也是政治上的领袖。孟子通过论述战争胜负的问题，引出了"得道多助，失道寡助"的观点。然而在孟子看来，"民心向背"对于战争具有根本性的意义，对于政治也具有同样重要的意义。孟子说："得天下有道，得其民，斯得天下矣；得其民有道，得其心，斯得民矣。"意思是说，得天下必先得民，得民必先得民心。所谓"得民"，就是得到人民的支持、拥护和帮助。所谓"得天下"，是指通过施行仁政来"王天下"，而不是单靠武力来争夺天下。仁政，是以德服人，使人心悦诚服，自动来归附；而以力服人，不能服人之心。在孟子看来，得天下之道，即是施行仁政。因为仁政，是"得其心"之政。

那么，如何"得其心"，即如何行仁政呢？孟子提出了"保民"的思想。保民，就是关爱和保护人民，它要求君主做到"所欲与之聚之，所恶勿施"，就是人民所希望的，就替他们聚积起来，人民所厌恶的，不要强加给他们。人民所希望的是什么呢？当然是富裕、幸福的生活。孟子认为，这是行仁政的根本着眼点。做到了这一点，然后民心归服、天下归服，是任何力量都阻止不了的。

五、《荀子》中的"和合"

　　《荀子》一书为战国末期赵人荀况及其弟子所著。荀况本为孙氏，故此书又称《孙卿对书》或《孙卿子》。西汉刘向整理时定为32篇，它们大致可分为3类，一类是荀子亲手所著的，共22篇；一类是荀子弟子所记录的荀子言行，共5篇；一类是荀子及弟子所引用的材料，共5篇。前两类是研究荀子思想的直接材料，是《荀子》一书的主体。

【作者简介】

　　荀子（前313—前238），名况，字卿，战国末期赵国人，曾游学于齐，当过楚国兰陵令。后来失官居家著书，死后葬于兰陵。荀子是我国古代的思想家、教育家，是先秦儒家最后的代表，朴素唯物主义思想集大成者。韩非和李斯都是他的学生。他反对迷信天命鬼神，肯定自然规律是不以人的意志为转移的，并提出"制天命而用之"的人定胜天的思想。他强调教育和礼法的作用，主张治理天下既要靠"法制"，又要重视教化兼用"礼"治，强调"行"对于"知"的必要性和后天学习的重要性，认为后天环境和教育可以改变人的本性。

【选文】

　　人何以能群？曰：分。分何以能行？曰：义。故义以分则和，和则一，一则多力，多力则强，强则胜物；故宫室可得而居也。故序四时①，裁万物②，兼利天下，无它故焉，得之分义也。故人生不能无群，群而无分则争，争则乱，乱则离，离则弱，弱则不能胜物；故宫室不可得而居也，不可少顷舍礼义之谓也。能以事亲谓之孝③，能以事兄谓之弟，能以事上谓之顺，能以使下谓之君。君者，善群也。群道当，则万物皆得其宜，六畜皆得其长，群生皆得其命。——《荀子·王制》

【注释】

①四时：四季。

②裁：管理。

③事：同"侍"，侍奉。

【翻译】

人为什么能结合成社会群体？就是因为有等级名分。等级名分为什么能实行？就是因为有道义。所以，根据道义确定了名分，人们就能和睦协调；和睦协调，就能团结一致；团结一致，力量就大；力量大了，就强盛；强盛了，就能战胜外物；所以人才有可能在房屋中安居。所以，人才能依次排列四季，管理好万事万物，使天下都得到利益，这并没有其他的缘故，而是从名分和道义中得来的。人生活着不能没有社会群体，但结合成了社会群体而没有等级名分的限制就会发生争夺，一发生争夺就会产生动乱，一产生动乱就会离心离德，离心离德就会使力量削弱，力量弱了就不能胜过外物，所以也就不能在房屋中安居了，这是说人不能片刻舍弃礼义。能够按礼义来侍奉父母叫作孝，能够按礼义来侍奉兄长叫作悌，能够按礼义来侍奉君主叫作顺，能够按礼义来役使臣民叫作君。所谓君，就是善于把人组织成社会群体的人。组织社会群体的原则恰当，那么万物都能得到应有的适宜安排，六畜都能得到应有的生长，一切生物都能得到应有的寿命。

【解读】

在君民关系上荀子一方面尊君，一方面重视民本，提出君民舟水说。在天人关系方面，荀子认为天是客观存在的自然界，有它固有的客观规律；人类社会的治乱兴废，在人而不在天；人应顺应自然规律，利用自然，制天命而用之。并且社会有分工，有上下不同的等级，根据等级的不同，有区别地进行财富分配和是非判断。唯有如此，才能把国家治理得好。荀子特别提出"解蔽"，认为认识的片面性是人们的通病。他提出"虚一而静"的解蔽方法，主张认识事物要虚心、专心、静心，以达到主观上的大清明境界。荀子构筑了以正名为中心的逻辑体系，揭示了名反映实的本质，制定了关于名的划分和推演的理论，阐述了制名的原则，又揭示了命题的本质。这样从国家、个体和逻辑上都有一个"礼"可以遵循，遵循这个礼就能实现整个社会的安定和谐。

六、《易传》中的"和合"

　　《易传》是一部战国时期解说和发挥《易经》的论文集，《易传》共7种10篇。自汉代起，这10篇又被称为"十翼"。它在《易经》以天道比拟人道的思维模式基础上，借鉴并吸收了道家的天道观、儒家的伦理观和阴阳家的阴阳学说，以儒家伦理观为立论基点和核心，将其纳入道家天道观中，利用阴阳家的阴阳学说，为儒家伦理观提供了形而上的理论，根据每卦所隐含的义理或德性来说明每卦的内涵。

【作者简介】

　　《易传》非一人一时之作，由孔子后学完成，是战国中后期社会变革的产物。

【选文】

　　子曰："乾坤其易之门邪①？乾阳物也，坤阴物也。阴阳合德②，而刚柔有体，以体天地之撰③，以通神明之德。其称名也，杂而不越。于稽其类④，其衰世之意邪？"——《易传·系辞传下》

【注释】

　　①邪：疑问词。

　　②合德：合乎天地的德性。

　　③撰：天地阴阳等自然现象的变化规律。

④稽：考察。

【翻译】

孔子说："乾坤两卦是周易开始的门户吧？乾表示的是阳刚的事物，坤表示的是阴柔的事物，阴阳的性质合乎天地之德，阳刚阴柔有一定的特性，以体察天地间一切的撰作营为，以通达造化神明自然的德性。《易经》称述万事万物的名，虽繁杂，但不越事理。考察各个易卦的内容和类型，就会发现有很多内容、很多描述，都反映一种衰世之相。"

【选文】

大哉乾元，万物资始①，乃统天②。云行雨施，品物流形。大明终始③，六位时成④，时乘六龙以御天。乾道变化，各正性命，保合太和，乃利贞。首出庶物⑤，万国咸宁。——《易传·象传上》

【注释】

①资：资源。

②统：本，属。

③大明终始：指乾卦初爻到上爻皆为阳，始终有日普照。终，谓上爻。始，谓初爻。

④六位：指六个爻位。

⑤庶：众。

【翻译】

乾元！万物就是因为有了它才开始，故而本于天。云气流行，雨水布施，众物周流而各自成形，阳光运行于乾卦终始，六爻得时而形成，时乘乾卦六爻的六龙，以驾驭天道。本于天的乾道在变化，万物各自正定其本性与命理，保全太和之气，才能"利贞"。始出众物，万国皆得安宁。

【解读】

《易传》说"保合太和，乃利贞"，就是说只有做到和合，才能万国咸宁，才能国泰民安。合，在《易经》中的意思是博大、包容，由部分集中为一个整体。阴阳和谐，在《易经》中叫作阴阳合德，包括刚柔相济，动静相兼。《易经》认为大自然原本就是和谐的。《易经》还强调天地之间是互相协调、互济共存的，如说："雷以动之，风以散之，雨以润之，日以恒之，艮以止之，兑以说之，乾以君之，坤以藏之。"（《易经·说卦》）就是说天地万物各有各的功能，它们是分工合作的。

把握天人合一的原则，天、地、人的和谐统一，这是《易经》整体观的基础。"立天之道，曰阴与阳；立地之道，曰柔与刚；立人之道，曰仁与义"（《易经·说卦》），就是说大自然是一个统一的整体。阴阳、刚柔、仁义是天人合一的基础，其中仁义是社会和谐的根基。在个人方面要中和，就是中行、中正，就是为人处世不偏不倚。如果太偏激，就容易形成对立，所以凡事还是不要太过为好。这是为人处世的一个度，把握好这个度，才能与人和谐相处。

七、《老子》中的"和合"

老子在出函谷关前著有五千言的《老子》，又名《道德经》或《道德真经》。《道德经》《易经》和《论语》被认为是对中国人影响深远的三部思想巨著。《道德经》分为上下两篇，共81章，前37章为上篇《道经》，第38章及以下为下篇《德经》。全书的思想结构是：道是德的"体"，德是道的"用"。《道德经》是后来的称谓，最初这本书称为《老子》而无《道德经》之名。其成书年代多有争论，至今仍无法确定，不过根据1993年出土的郭店楚简《老子》年代推算，成书年代应不晚于战国中期。

【作者简介】

老子（约前571—前471），姓李名耳，字聃，一字或曰谥伯阳。出生于春秋时期楚国苦县厉乡曲仁里（今河南省鹿邑县太清宫镇）。哲学家和思想家、道家学派创始人，被唐朝帝王追认为李姓始祖。老子乃世界文化名人，世界百位历史名人之一。其思想的精华是朴素的辩证法，其学说对中国哲学发展具有深刻影响，《老子》是全球文字出版发行量最大的著作之一。在道教中，老子被尊为道教始祖。老子与后世的庄子并称老庄。在修身方面，老子是道家性命双修的始祖，讲究虚心实腹、不与人争的修持。在政治上，老子主张无为而治、不言之教。在权术上，老子讲究物极必反之理。

【选文】

道生一^①，一生二^②，二生三^③，三生万物。万物负阴而抱阳^④，冲气以为和。——《老子·第四十二章》

【注释】

①一：这是老子用以代替"道"这一概念的数字表示，即"道"是独一无二的。

②二：指阴气、阳气。"道"本身包含着对立的两个方面。阴阳二气所含育的统一体即是"道"。因此，对立着的双方都包含在"一"中。

③三：即两个对立的方面因矛盾冲突而产生的第三者，进而生成万物。

④负阴而抱阳：背阴而向阳。

【翻译】

道是独一无二的，道本身包含阴阳二气，阴阳二气相交而形成一种稳定的状态，万物在这种状态中产生。万物背阴而向阳，并且由阴阳二气的互相激荡而成新的和谐体。

【解读】

"一"即"道"，"道"即"一"。"道"是从质上说的，"一"是从量上说的。"一"是最小的数，也是最大的数；"一"是部分，也是全体；"一"是具体的，也是抽象的。

"一生二"中的"二"乃阴阳，阴气和阳气为有形之气。任何事物都是阴阳的对立统一体。"万物负阴而抱阳"，说明事物是由阴阳两种要素或两种情势构成的。"冲气以为和"，"和"即"一"，和谐统一。

"三生万物"中的"三"，其意义十分丰富，它的实质是"中和"。只有中和，才有生命力，才能发展。没有"三"就没有生命，就没有发展。自然界中有生命的物质，都是雄性因子和雌性因子交合为"三"而成的，这个"三"就是新的生命因子，它又再分而为"二"，再合而为"三"，以至于无穷。唐玄宗说："冲者，中也，是谓大和。"即以中和之气构成"和"，可以看到"和"也是"三"，生万物。

八、《庄子》中的"和合"

《庄子》具有很高的文学价值。共33篇，分内篇、外篇、杂篇。内篇7篇为庄子所作，外篇15篇和杂篇11篇一般认为是其门人和后学者的伪作。《庄子》的语言运用自如，灵活多变，能把一些微妙难言的哲理说得引人入胜。鲁迅先生称赞说："其文则汪洋辟阖，仪态万方，晚周诸子之作，莫能先也。"《庄子》被人称为"文学的哲学，哲学的文学"。

【作者简介】

庄子（约前369—前286），姓庄，名周，字子休（亦说子沐）。战国时代宋国蒙人。先祖是宋国君主宋戴公。他是战国中期著名的思想家、哲学家和文学家，是继老子之后，战国时期道家学派的代表人物。庄周因崇尚自由而不应楚威王之聘，生平只做过宋国地方的漆园吏。史称"漆园傲吏"，被誉为地方官吏之楷模。庄子最早提出的"内圣外王"思想对儒家影响深远。庄子洞悉易理，深刻指出"《易》以道阴阳"。庄子"三籁"思想与《易经》"三才"之道相合。他的代表作品为《庄子》，其中的名篇有《逍遥游》《齐物论》等。与老子齐名，并称为"老庄"。

【选文】

昔者舜问于尧曰："天王之用心何如①？"尧曰："吾不敖无告②，不废穷民，苦死者，嘉孺子而哀妇人③，此吾所以用心已。"舜曰："美则美矣，而未大也。"尧曰："然则何如？"舜曰："天德而出宁，日月照而四时行，若昼夜之有经，云行而雨施矣！"尧曰："胶胶扰扰乎④！子，天之合也；我，人之合也。"夫天地者，古之所大也，而黄帝、尧、舜之所共美也。故古之王天下者，奚为哉？天地而已矣！——《庄子·齐物论》

【注释】

①用心：指治理国家。

②敖：怠慢。

③嘉：赏。

④胶胶：通"搅搅"，扰乱。扰扰：打扰，扰乱。

【翻译】

过去舜曾向尧问道："你作为天子用心怎么样？"尧说："我从不侮慢庶民百姓，也不抛弃生活无计走投无路的穷苦人民，为死者苦苦焦虑，很好地对待留下的幼子并悲悯那些妇人。这些就是我用心的方式。"舜说："这样做好当然是很好了，不过还说不上伟大。"尧说："如此那么将怎么办呢？"舜说："自然而成，形迹安宁。像日月照耀，四季运行；像昼夜交替，形成常规；像云彩随风飘动，雨露布施万物。"尧说："整日里纷纷扰扰啊！你，跟自然相合；我，跟人事相合。"天和地，自古以来是最伟大的，黄帝、尧、舜都共同赞美它。所以，古时候统治天下的人，做些什么呢？仿效天地罢了。

【解读】

庄子关于"和"的思想内容非常丰富，今本《庄子》33篇中明确提及"和"字的有57处。庄子认为，"和"是天德、天道的本性，是万物生成的缘由。庄子还借用"和"的范畴，表述一种融洽、协调、和缓的状态和境界，涉及自然谐调、家庭和美、人际和顺、社会和谐等多方面的内容。庄子认为，天地阴阳之气交结运行，和合而生成万物。他说："至阴肃肃，至阳赫赫。肃肃出乎天，赫赫发乎地。两者交通成和而物生焉，或为之纪而莫见其形。"（《田子方》）即出自地的阳气至热，本于天的阴气至冷。两者交相缠结，和合震荡而生成万物。道是形成这一切的纲纪，但并不显现其形体。"阴阳和静，鬼神不扰，四时得节，万物不伤，群生不夭，人虽有知，无所用之，此之谓至一。"即天地间如果阴阳之气谐调平复，鬼神也不会扰乱，时令节气就会正常，万物不会遭受伤害，一切生灵都能终其天年，这样的话，即使人充满智慧，也无用武之地，这就叫作至一的状态。

"和"这一天德、天道的本性，行于天地，是一切事物的根本和宗源；行于社会，就能令社稷和睦调顺。因此，在人们的生产生活中，应该处处遵循天德、天道的"和"的本性，"与人和者，谓之人乐；与天和者，谓之天乐"（《天道》），这才是人生追求的幸福快乐的境界。庄子一生淡泊名利，主张修身养性、清静无为。为达致"和"的大德境界，庄子提出了一系列人身修养的策略和主张。庄子认为，人不应该被物欲所支配，否则就会导致"终身物役"。而要达到完全自由的境界，就要像"至人"那样超然物外即"无己"。

九、《墨子》中的"和合"

《墨子》分两部分。一部分记载墨子言行，主要反映了前期墨家的思想。另一部分《经上》《经下》《经说上》《经说下》《大取》《小取》等6篇，一般称作《墨辩》或《墨经》，着重阐述墨家的认识论和逻辑思想，反映了后期墨家的思想。这一部分在逻辑史上被称为后期墨家逻辑或墨辩逻辑（古代世界三大逻辑体系之一，另两个为古希腊的逻辑体系和佛教中的因明学），其中还包含许多自然科学的内容，特别是天文学、几何学、光学和静力学。《墨子》内容广博，涉及了政治、军事、哲学、伦理、逻辑、科技等方面，是研究墨子及其后学的重要史料。西晋鲁胜等为《墨子》一书作过选文注释，可惜已经散失。如今的通行本有孙诒让的《墨子间诂》，以及《诸子集成》所收录的版本。

【作者简介】

墨子（约前468—前376），墨姓，名翟，春秋末期战国初期宋国人，一说鲁阳人，一说滕国人。墨子是宋国贵族目夷的后代，生前担任宋国大夫。他是墨家学派的创始人，也是战国时期著名的思想家、教育家、科学家、军事家。墨家在先秦时期影响很大，与儒家并称"显学"。他提出了"兼爱""非攻""尚贤""尚同""天志""明鬼""非命""非乐""节葬""节用"等观点。以兼爱为核心，以节用、尚贤为支点。墨子在战国时期创立了以几何学、物理学、光学为突出成就的一整套科学理论。在当时的百家争鸣时期，有"非儒即墨"之说。墨子死后，墨家分为相里氏之墨、相夫氏之墨、邓陵氏之墨三个学派。其弟子根据墨子生平事迹的史料，收集其语录，完成了《墨子》一书并传世。

【选文】

子墨子言："视人之国①，若视其国；视人之家，若视其家；视人之身，若视其身。是故诸侯相爱，则不野战；家主相爱，则不相篡；人与人相爱，则不相贼②；君臣相爱，则惠忠；父子相爱，则慈孝；兄弟相爱，则和调。天下之人皆相爱，强不执弱③，众不劫寡，富不侮贫，贵不敖贱，诈不欺愚。凡天下祸篡怨恨④，可使毋起者，以相爱生也，是以仁者誉之。"——《墨子·兼爱中》

【注释】

①视：看待，对待。

②贼：偷盗残害。

③执：控制，操纵。

④祸篡怨恨：祸患、掠夺、埋怨、愤恨。

【翻译】

墨子说道："对待别人的国家就像对待自己的国家，对待别人的家族就像对待自己的家族，对待别人之身就像对待自己之身。所以诸侯之间相爱，就不会发生野战；家族宗主之间相爱，就不会发生掠夺；人与人之间相爱就不会相互残害；君臣之间相爱，就会相互施惠、效忠；父子之间相爱，就会相互慈爱、孝敬；兄弟之间相爱，就会相互融洽、协调。天下的人都相爱，强大者就不会控制弱小者，人多者就不会强迫人少者，富足者就不会欺侮贫困者，尊贵者就不会傲视卑贱者，狡诈者就不会欺骗愚笨者。举凡天下的祸患、掠夺、埋怨、愤恨可以不使它产生的原因，是因为相爱的存在。所以仁者称赞它。"

【解读】

墨子认为，社会之所以失范，在于人与人之间不能相爱，是故诸侯不相爱则必野战，家主不相爱则必相篡，人与人不相爱则必相贼，君臣不相爱则不惠忠，父子不相爱则不慈孝，兄弟不相爱则不和调。由此，他提出了"兼相爱、交相利"的政治哲学。墨子的兼爱互利思想体现了劳动人民质朴、纯真、善良的品性与愿望，是一种弥足珍贵的追求和谐社会的理想。

与一般工匠有别的是，墨子不仅仅是一名劳动者，而且还立足于自身的社会角色创立了一个独特的思想派别。墨家的首领称巨子，即手握矩（尺）的工匠。与先秦诸子不同，墨家是一个劳动技术型战斗团体，它所代表的主要是隶属于社会下层的小生产者的利益。在长期的生产实践中，墨家掌握了丰富的土木力学、几何学、光学等自然科学知识，并有高度凝练的概括（参见《墨经》），其见解几令当代人震惊。同时，墨子身上兼具军事色彩，墨家具有高昂的战斗性（"墨子之门多勇士"）。这不是冲锋陷阵的军事扩张，而是以先进技术为后盾的积极防御，著名的"止楚攻宋"即可为证。勤于劳动的职业性以及军事争斗（防御）的艰巨性，使墨家具有高度的组织纪律性，而且在生活上异常简朴，以致被人们视为"俭而难遵"（《史记·太史公自序》）。哲学是时代精神的精华。墨子生活在先秦，这是一个礼制崩坍、王权衰落、诸侯纷争的时代。墨子对现实生活给予了积极关注与思考，映现出他具有鲜明的忧患意识、入世风骨及救世精神。史载："翟虑被坚执锐，救诸侯之患矣。"在墨子的救世方略中，除了先进的军事防御术，最引人注目的莫过于他提出了"兼相爱、交相利"的一整套思想主张。

何为"兼相爱、交相利"？先秦社会之所以失范，在于人与人之间不相爱，违反兼爱互利原则的恶果是强必执弱、富必侮贫、贵必傲贱、诈必欺愚。爱必言利，以爱启利，以利寓爱，构成一个有机整体。"兼相爱"并不否定自爱，而是把自爱与相爱结合起来。"交相利"也不是鄙视自利，而是力求使自利与互利两不偏废。"夫爱人者，人必从而爱之；利人者，人必从而利之。"在这种爱意融融的相互义务性关系中，天下才能实现和谐、富足。是故，兼爱互利是为治之道。

十、《吕氏春秋》中的"和合"

《吕氏春秋》是在秦国相邦吕不韦主持下，集合门客编撰的一部杂家名著，是中国历史上第一部有组织按计划编写的文集。全书共分26卷，160篇，20余万字。成书于秦始皇统一中国前，即秦王政八年（前239年）。此书以儒家学说为主干，以道家理论为基础，以名、法、墨、农、兵、阴阳家思想学说为素材，熔诸子百家学说为一炉，形成一套完整的国家治理学说。吕不韦想以此作为大一统后的意识形态。但执政的秦始皇却选择了法家思想，使包括道家在内的诸子百家全部受挫。

【作者简介】

吕不韦（前292—前235），姜姓，吕氏，名不韦，卫国濮阳（今河南滑县）人。战国末年商人、政治家、思想家，官至秦国相邦。公元前251年，秦昭襄王去世，太子安国君继位，为秦孝文王，立一年而卒。储君嬴子楚继位，即秦庄襄王，前249年以吕不韦为相邦。吕不韦被封文信侯，食邑河南洛阳十万户，门下有食客3 000人，家童万人。庄襄王卒，年幼的太子政被立为王，吕不韦为相邦，号称"仲父"，专断朝政。

吕不韦主持编纂《吕氏春秋》（又名《吕览》）。书成之日，悬于国门，声称能改动一字者赏千金，此为"一字千金"。执政时曾攻取周、赵、卫的土地，立三川、太原、东郡，对秦王政兼并六国的事业有重大贡献。后因嫪毐集团叛乱事受牵连，被免除相邦职务，出居河南封地。不久，秦王政复命让其举家迁蜀，吕不韦担心被诛杀，于是饮鸩自尽。

【选文】

音乐之所由来者远矣。生於度量①，本於太一。太一出两仪②，两仪出阴阳。阴阳变化，一上一下，合而成章。浑浑沌沌，离则复合，合则复离，是谓天常。天地车轮，终则复始，极则复反，莫不成当。日月星辰，或疾或徐，日月不同，以尽其行。四时代兴，或暑或寒，或短或长，或柔或刚。万物所出，造於太一，化於阴阳。萌芽始震③，凝寒以形。形体有处，莫不有声。声出於和，和出於适。和适先王定乐，由此而生。

天下太平，万物安宁。皆化其上，乐乃可成。成乐有具，必节嗜欲④。嗜欲不辟，乐乃可务。务乐有术，必由平出。平出於公，公出於道。故惟得道之人，其可与言乐乎！

亡国戮民，非无乐也，其乐不乐。溺者非不笑也，罪人非不歌也，狂者非不武也，乱世之乐有似於此。君臣失位，父子失处，夫妇失宜，民人呻吟，其以为乐也，若之何哉？凡乐，天地之和，阴阳之调也。始生人者，天也，人无事焉。天使人有欲，人弗得不求；天使人有恶，人弗得不辟。欲与恶，所受於天也，人不得与焉，不可变，不可易。世之学者，有非乐者矣，安由出哉？

大乐，君臣、父子、长少之所欢欣而说也⑤。欢欣生於平，平生於道。道也者，视之不见，听之不闻，不可为状。有知不见之见、不闻之闻、无状之状者，则几於知之矣。道也者，至精也，不可为形，不可为名，强为之，谓之太一。

故一也者制令⑥，两也者从听。先圣择两法一，是以知万物之情。故能以一听政者，乐君臣，和远近，说黔首⑦，合宗亲；能以一治其身者，免於灾，终其寿，全其天；能以一治其国者，奸邪去，贤者至，成大化；能以一治天下者，寒暑适，风雨时，为圣人。故知一则明，明两则狂。——《吕氏春秋·仲夏纪》

【注释】

①於：通“于”。

②太一：混沌的初始。两仪：天地。

③震：指活动。

④嗜欲：嗜好与欲望，多指贪图身体感官方面享受的欲望。

⑤欢欣：欢喜欣悦。

⑥制：指处于制约、主导之位。

⑦黔首：战国时期和秦代对百姓的称呼。

【翻译】

音乐的由来相当久远了，它产生于度量，本源于太一。太一生天地，天地生阴阳。阴阳变化，一上一下，会合而成形体。混混沌沌地，分离了又会合，会合了又分离，这就叫作自然的永恒规律。天地像车轮一样转动，到尽头又重新开始，到终极又返回，无不恰到好处。日月星辰的运行，有的快，有的慢。日月轨道不同，都周而复始地运行在各自的轨道上。春夏秋冬更迭出现，有的季节炎热，有的季节寒冷，有的季节白天短，有的季节白天长，有的季节属柔，有的季节属刚。万物的产生，从太一开始，由阴阳生成。因阳而萌芽活动，因阴而凝冻成形。万物的形体各占一定的空间，无不发出声音。声音产生于和谐，和谐来源于适度。先王制定音乐，正是从这个原则出发。

天下太平，万物安宁，一切都顺应正道，音乐才可以制成。制成音乐有条件，必须节制嗜欲。只有不放纵嗜欲，才可以专心从事音乐。从事音乐有方法，必须从平和出发。平和产生于公正，公正产生于道。所以只有得道的人，大概才可以跟他谈论音乐吧！

被灭亡的国家，遭受屠戮的人民，不是没有音乐，只是他们的音乐并不表达欢乐。即将淹死的人不是不笑，即将处死的罪人不是不唱，精神狂乱的人不是不手舞足蹈，但是他们的笑、他们的唱、他们的舞蹈没有丝毫的欢乐，乱世的音乐与此相似。君臣地位颠倒，父子本分沦丧，夫妇关系失当，人民痛苦呻吟，以此制乐，又会怎样呢？凡音乐都是天地和谐、阴阳调和的产物。最初生成人的是天，人不得参与其事。天使人有了欲望，人不得不追求；天使人有了憎恶，人不得不躲避。凡人的欲望和憎恶是从天那里秉承下来的，人不能自己做主，不可改变，不能移动。世上的学者有反对音乐的，他们的主张是根据什么产生的呢？

大乐是君臣、父子、老少欢欣、喜悦的产物。欢欣从平和中产生，平和的境界从道中产生。所谓道，看它，看不见；听它，听不到；也无法描绘出形状。有谁能够懂得在不见中包含着见，在不闻中包含着闻，在无形中包含着形，那他就差不多懂得道了。道这个东西是最精妙的，无法描绘出它的形状，无法给它命名，勉强给它起个名字，就叫它"太一"。

所以"一"处于制约、支配的地位，"两"处于服从、听命的地位。先代圣人弃"两"用"一"，因此知道万物生成的真谛。所以，能够用"一"处理政事的，可以使君臣快乐，远近和睦，人民欢悦，兄弟和谐；能够用"一"修养身心的，可以免于灾害，终其天年，保全天性；能够用"一"治理国家的，可以使奸邪远离，贤人来归，实现大治；能够用"一"治理天下的，可以使寒暑适宜，风雨适时，成为圣人。所以懂得用"一"就聪明，持"两"就惑乱。

【解读】

在《吕氏春秋》中，有专门谈论音乐的篇章，如《制乐》《大乐》《侈音》《适音》《古乐》《音律》《音初》《明理》，等等。音乐与政治，与个人的道德修养，都有着密不可分的关系。而《吕氏春秋》对于和的范畴的阐发，也大多体现在其音乐思想之中。在谈到音乐的起源时，《大乐》篇指出"凡乐，天地之和，阴阳之调也"。

《吕氏春秋》把音乐的产生上升到了本体论的高度来认识。其本体论与宇宙生成论，显然是吸收了道家老子的思想。音乐本于太一，也就是本于道。而中国传统哲学的典型特征则是宇宙本体论、认识论与道德论的统一，宇宙的最高本体同时也就是道德的最高准则或基本根源。在《吕氏春秋》中也体现了这一特征。"和"与"适"既是"道"或"太一"的本然的和谐状态，当然也应该是音乐最基本的原则。音乐与人的心灵和谐以及与社会政治状况的和谐，都是紧密相关的。

音乐对人心境的和谐，有着极为重要的作用。《吕氏春秋》所强调的"心必和平然后乐"的思想，是对先秦时期"乐从和"（《国语·周语》）思想的继承和发展，对荀子的从"化性起伪"的角度来论"乐"也是一个超越。在《吕氏春秋》中，主体心境之和谐与"乐"本身之和谐被看成是辩证统一的关系，以适中的心情听适中的声音，就是和谐。音乐各方面都不要过分，平正和谐才合宜。与"适"相对，《吕氏春秋》还提出了"侈乐"的概念。认为"侈乐"是违背人之性情的，产生"侈乐"的根本原因是纵欲。人如果"嗜欲无穷"，那么，"贪鄙悖乱之心"与"淫佚奸诈之事"都会随之产生。所以，音声本身的和谐也是十分重要的，也是主客体达到和谐一致的必要前提。

十一、《黄帝内经》中的"和合"

《黄帝内经》是与《易经》《山海经》并列的我国古代三大奇书之一。它大量论述了先秦时期的医学理论和行医经验，其中不仅包括中医理论经典和养生思想等医学方面的知识，还涉及社会、天文、历法、地理等方面的古典文献，并充满着哲学内涵。关于《黄帝内经》的成书年代现在学界依然有争议，但主流观点认为其成书上起春秋战国，下迄西汉末年，是集多人之力的一部跨时代医学巨著。

　　《黄帝内经》分《灵枢》《素问》两部分，与《难经》《伤寒杂病论》《神农本草经》共称中国传统医学四大经典著作。《周易》《老子》《庄子》等各家各派著作中的哲学思想对《黄帝内经》思想有一定影响。所以，《黄帝内经》不仅仅是医家经典，还被古代的文史学家和近现代的哲学家、史学家、自然科技史学家作为研究的经典著作。

【作者简介】

托名"黄帝"，实则非一时一人之作。

【选文】

黄帝问曰：肺之令人咳，何也？

岐伯对曰：五藏六府皆令人咳，非独肺也。

帝曰：愿闻其状。

岐伯曰：皮毛者，肺之合也^①，皮毛先受邪气，邪气以从其合也。其寒饮食入胃，从肺脉上至于肺，则肺寒，肺寒则外内合邪，因而客之，则为肺咳。五藏各以其时受病，非其时，各传以与之。人与天地相参，故五藏各以治时，感于寒则受病，微则为咳，甚者为泄为痛。乘秋则肺先受邪^②，乘春则肝先受之，乘夏则心先受之，乘至阴则脾先受之，乘冬则肾先受之。——《黄帝内经·素问》

【注释】

①合：联系的、相应的。

②乘：当，正当。

【翻译】

黄帝问道：肺有病，能使人咳嗽，这是什么道理？

岐伯回答说：五脏六腑有病，都能使人咳嗽，不单是肺病如此。

黄帝说：请告诉我各种咳嗽的症状。

岐伯说：皮毛与肺是联系的整体，皮毛先感受了外邪，邪气就会影响到肺。再由于吃了寒冷的饮食，寒气在胃循着肺脉上于肺，引起肺寒，这样就使内外寒邪相合，停留于肺，从而成为肺咳。这是肺咳的情况。至于五脏六腑之咳，是五脏各在其所主的时令受病，并非在肺主的时令受病，而是各脏之病传给肺的。人和自然界是相应的，故五脏在其所主的时令受了寒邪，便能得病。若轻微的，则发生咳嗽；严重的，寒气入里就成为腹泻、腹痛。所以当秋天的时候，肺先受邪；当春天的时候，肝先受邪；当夏天的时候，心先受邪；当长夏太阴主时，脾先受邪；当冬天的时候，肾先受邪。

【解读】

"人与天地相参"第一次出现于《黄帝内经·素问·咳论》，也在其他的篇章中多次出现，在《黄帝内经·灵枢·刺节真邪》中有"与天地相应，与四时相副，人参天地"，在《黄帝内经·灵枢·岁露》与《黄帝内经·灵枢·经水》中也反复强调"人与天地相参"这一核心思想。"人与天地相参"认为人的精神具有客观性，天也是于此之外独立的，"天"和"人"之间存在着统一的属性与规律。人的五官、声音、五脏六腑以及人的肢体和天地之间的乾坤大象相对应，人的行为与天地二气的运作形式大多很相似，如果人体的阴阳能维持平衡、协调关系，发挥正常功能，人的精神就正常，身体就健康。反之，如果阴阳的平衡、协调关系被打破，阴阳二者不能相互为用，以致分离，那么人的精气就会因生化无源而衰竭，生命活动也就随之停止。这充分说明了人与自然的关系是和合统一的。

十二、《淮南子》中的"和合"

《淮南子》又名《淮南鸿烈》《刘安子》，是汉高祖刘邦之孙淮南王刘安及其门客集体编写的一部哲学著作，成书时间约在武帝建元二年（前139年）。这部书以道家思想为主，同时糅合了阴阳、墨、法和一部分儒家思想，所以属于"杂家"书篇。全书共有21卷，分为三大部分，第一部分论"道"，"道"是《淮南子》哲学思想中最基本和最高的概念，是万物的原始状态，也是事物运动的规律，在《原道训》《道应训》《说山训》等中都有论述；第二部分为宇宙论，揭示了宇宙演化与形成的过程，从混沌状态到天地阴阳再到万物生，这是主要环节，在《天文训》《地形训》《精神训》等中具有论述；第三部分为政治论，阐述君主的统治之术，提倡"无为"，提出君主要用自己的"无为"来统领全臣的"有为"，各司其职，注重君民关系，处理好君臣关系，从而使整个国家处于和谐统一的状态。

【作者简介】

关于《淮南子》一书的作者存在争议，既有称刘安本人所著，也有刘安及其门客共同完成的说法。纵观中国古代思想发展史，刘安及其门客共同参与著述的说法似乎更贴切，这种集体著作说始于东汉高诱，相沿成习，近现代思想史著作均沿袭"集体创作说"，例如冯友兰《中国哲学史新编》、侯外庐等著的《中国哲学思想通史》。不论是何种观点，可以肯定的是刘安本人参与此书的编著，另外从全书的风格来看，极有可能是刘安最后加工整理而完成，所以有必要对刘安作下基本介绍。刘安（前179—前122），是汉高祖刘邦之孙、淮南厉王刘长之子、汉武帝刘彻之叔父，西汉知名的思想家、文学家。刘安才思敏捷，喜好读书，擅长文辞，乐于鼓琴，兴趣爱好广泛，曾招致门客方术之士数千人，可见其在当时的社会具有一定的影响力。奉汉武帝之命所著的《离骚传》，是中国最早对屈原及其《离骚》作高度评价的著作，并且与其他门客如苏飞、李尚、左吴、田由、雷被、毛被、伍被、晋昌等八人以及诸儒大山、小山之徒等共同完成《淮南子》一书。

【选文】

夫道者，覆天载地，廓四方①，柝八极②；高不可际③，深不可测；包裹天地，禀授无形④；原流泉浡⑤，冲而徐盈⑥；混混滑滑⑦，浊而徐清。故植之而塞于天地，横之而弥于四海，施之无穷而无所朝夕⑧；舒之幎于六合⑨，卷之不盈于一握⑩。约而能张⑪，幽而能明；弱而能强，柔而能刚；横四维而含阴阳⑫，纮宇宙而章三光⑬；甚淖而滒⑭，甚纤而微；山以之高，渊以之深；兽以之走，鸟以之飞；日月以之明，星历以之行；麟以之游，凤以之翔。——《淮南子·原道训》

【注释】

①廓：扩张。

②柝：通"拓"，开拓。八极：八方极远的地方。

③际：原注作"至也"，指到达。

④禀授无形：是说有形的万物由道不露形迹地产生出来。禀授，给予，有产生的意思。

⑤原：水的源头。这个意义后来用字"源"。浡：涌动。

⑥冲：虚空，引申为空虚。

⑦混混：即滚滚，水流急速翻腾的样子。滑（gǔ）：通"汩"，水急流的样子。

⑧施：用。朝夕：此处指盛衰。

⑨幎：本指帐幔，引申为覆盖。六合：一种是指与一年十二个月相配的"六合"，这个六合概括为"言满天地间也"。另一种是指"四方上下"。两解相通。

⑩一握：一把。

⑪约：收束。

⑫四维：指天区的东北、东南、西南、西北四角。

⑬紘：维系。宇宙：四方上下为宇，古往今来为宙。即无限的时空。章：明。三光：日、月、星。

⑭淖（nào）：本指烂泥。溽：本指粥多汤汁。此处淖和溽形容道柔和的样子。

【翻译】

"道"，覆盖天承载地，扩展到四面八方极远的地方；高到无法触顶，深到无法测底；包裹着苍天大地，在无形中孕育、产生万物。它就像泉水从源头涌现出来，开始比较虚缓，然后盈满，滚滚奔流，慢慢地由混浊变清澈。它竖直起来能塞满天地，横躺下去又能充塞四方。道这种物质用不尽，也没有盛与衰的强烈变化；它舒散开来能覆盖天地，收缩卷起却又不满一把。它既可以收束也可以舒散，既可以幽暗又可以光明，不仅能柔弱还能刚强。它横通天区的东北、东南、西北、西南四角，而这四维蕴含着阴阳，维系着宇宙，使日月星辰发光发亮。它是柔和的，也是纤微的。基于此，大山倚靠它才高耸，深渊倚靠它才深邃；兽凭借它才能奔走，鸟凭借它才能飞翔；日月凭借它才能光亮，星辰凭借它才能运行；麒麟凭借它才能出游，凤凰凭借它才能翱翔。

【解读】

"道"是《淮南子》哲学思想中最基本和最高的概念，被认为是万事万物的根源，也是事物运行的动力及规律体现，是一种原初的状态。正如《老子》"道生一，一生二，二生三，三生万物"，这种"道"所生出的"一"，指的是宇宙的混沌状态，由道引申出阴阳两极，最后"三"形成宇宙万物的一个和谐状态，也就是阴、阳、和。《淮南子·原道训》从本体论的意义出发，认为"道"包含了阴阳二气，阴阳二气交相和合而产生万物，体现了和合思想，这种思想与先秦道家的思想是一脉相承的。在本选文中道还体现了其他作用，那就是道的功用，万事万物在它的引导下才可以变得更美好，更和谐，达到和合的状态。大山需要凭借它高耸，深渊需要凭借它深邃，兽类凭借它奔走，日月凭借它发光发亮，星辰凭借它运行，等等，这些都表明道在发挥功用的同时，也体现出一定的运行规律。从一定意义上来说，道又制约着万事万物的运行，无所不在。在阐述道在自然方面的运行规律时，也论述道由“形而上”到“形而下”的展现与落实过程，将道从原始的混沌状态落实到与人世间相关的内容，落实到人事、为治的过程中，所以也体现了《淮南子》在糅合诸家思想的基础上，而提出了自己一些独到的见解，对当时的思想以及社会政治发展具有重要意义。

十三、《汉书》中的“和合”

《汉书》，即《前汉书》，由东汉时期的历史学家班固编撰，前后历时20余年，于建初年中基本修成，由唐朝颜师古释注，是中国第一部纪传体断代史，“二十四史”之一，与《史记》《后汉书》《三国志》并称为“前四史”。《汉书》全书主要记述了上起西汉的汉高祖元年（前206年），下至新朝的王莽地皇四年（23年），共230年的史事。《汉书》包括纪12篇，表8篇，志10篇，传70篇，共100篇，后人划分为120卷，共80万字。《汉书》开创了“包举一代”的断代史体例。其中《汉书·董仲舒传》详细叙述了董仲舒其人其事。

【作者简介】

班固（32—92），字孟坚，扶风安陵（今陕西咸阳东北）人，东汉史学家、文学家。

董仲舒（前179—前104），西汉广川（今河北景县广川镇大董故庄村）人。汉代思想家、哲学家、政治家。董仲舒提出的"天人感应，君权神授"几乎影响了中国整个封建社会。为了巩固统治，历朝历代都贯彻这一思想，直到辛亥革命结束帝制。他提出的"罢黜百家，独尊儒术"对中国文化的影响尤其深远，以儒家思想为代表的文化思想，一直是中国的主流文化，直到新文化运动。

【选文】

陛下发德音，下明诏，求天命与情性，皆非愚臣之所能及也。臣谨案《春秋》之中①，视前世已行之事，以观天人相与之际②，甚可畏也。国家将有失道之败，而天乃先出灾害以谴告之，不知自省，又出怪异以警惧之，尚不知变，而伤败乃至③。以此见天心之仁爱人君而欲止其乱也。自非大亡道之世者④，天尽欲扶持而全安之，事在强勉而已矣。强勉学习，则闻见博而知益明；强勉行道⑤，则德日起而大有功：此皆可使还至而有效者也⑥。《诗》曰"夙夜匪解"，《书》云"茂哉茂哉！"皆强勉之谓也。

道者，所繇适于治之路也，仁义礼乐皆其具也。故圣王已没，而子孙长久安宁数百岁，此皆礼乐教化之功也。王者未作乐之时，乃用先王之乐宜于世者，而以深入教化于民。教化之情不得，雅颂之乐不成⑦，故王者功成作乐，乐其德也。乐者，所以变民风，化民俗也；其变民也易，其化人也著。故声发于和而本于情，接于肌肤，臧于骨髓⑧。故王道虽微缺，而管弦之声未衰也。夫虞氏之不为政久矣⑨，然而乐颂遗风犹有存者，是以孔子在齐而闻《韶》也。夫人君莫不欲安存而恶危亡，然而政乱国危者甚众，所任者非其人，而所繇者非其道，是以政日以仆灭也⑩。夫周道衰于幽、厉，非道亡也，幽、厉不纇也。至于宣王，思昔先王之德，兴滞补弊，明文、武之功业，周道粲然复兴，诗人美之而作，上天晁之，为生贤佐，后世称诵，至今不绝。此凤夜不解行善之所致也。孔子曰"人能弘道，非道弘人"也。故治乱废兴在于己，非天降命不得可反，其所操持悖谬失其统也。——《汉书·董仲舒传》

【注释】

①案：同"按"，审查、研求。

②相与：相互之间的关系，相关联的所在。

③伤败：国家出现天灾人祸或动乱挫折。

④亡：通"无"。

⑤行道：指遵循"天命"治理国家。

⑥还至：很快恢复到原来国家大治的局面。还（xuán），迅速。至，极、最。

⑦雅：正，是"言王政之所由兴废也"的作品。政事有大、小，故有大雅、小雅之分。颂：颂美王的"盛德"的作品。

⑧臧：通"藏"，深入的意思。

⑨虞氏：即有虞氏，传说中的远古部落，舜为其部落领袖。

⑩仆灭：衰败。

【翻译】

陛下发出有德的声音和英明的诏书，寻求天命和情性的解答，这两个问题都不是愚臣所能答复的。我谨慎地按照《春秋》中的记载，考察前代已经做过的事情，来研究天和人相互作用的关系，情况是很可怕的呀！国家将要发生违背道德的败坏事情，那么天就降下灾害来谴责和提醒它；如果不知道醒悟，天又生出一些怪异的事来警告和恐吓它；还不知道悔改，那么伤害和败亡就会降临。由此可以看出，天对人君是仁爱的，希望帮助人君消弭祸乱。如果不是非常无道的世代，天总是都想扶持和保全人君，事情在于君主发愤努力罢了。发愤努力钻研学问，就会见闻广博使人君才智增加而更加聪明；奋发努力行道，德行就会日见崇高，而且越发成功，这些都是很快得到，并且是很快就有成效的。《诗经》上说："从早到晚，不敢懈怠。"《尚书》中说："努力呀！努力呀！"都是奋勉努力的意思。

"道"就是由此达到治理国家的道路，仁、义、礼、乐都是治理国家的工具。所以虽然圣明的君王死了，可是他的子孙还能长久统治，安宁数百年，这都是礼乐教化的功效啊。君王在自己没有制作乐章的时候，就选用先代君王乐章中能适合当时社会的，用它来深入教化人民。得不到教化的实效，典雅、歌颂的乐也就作不成，所以君王功成名就以后才作乐，用乐来歌颂他的功德。乐是用来改变民风，感化民俗的；乐改变民风容易，感化人民也有显著的功效。所以，乐的声音是从和谐的气氛中发出，依据于感情，接触到肌肤，深藏在骨髓。因此王道虽然衰微了，管弦之声却依然流传。虞舜已经很久都没有为政了，可是流传下来的乐颂还依旧存在，所以孔子在齐国能听到《韶》乐。人君没有不希望国家安宁而憎恶危亡的，然而政治混乱、面临危亡的国家很多，这是由于任用的人不得当，言行举止不符合治理国家的"道"，所以政事一天天衰败下去。周代的"道"到了周厉王、周幽王时衰落了，不是"道"亡了，而是厉王和幽王不遵循这个"道"。周宣王思念先代圣君的德行，复兴久已停滞的事业，补救时弊，拓展周文王、周武王开创的功业，周代的"道"又灿烂复兴起来。诗人赞美他，为他作诗，认为上天保佑他，为他生出贤良的辅佐者，后世称颂周宣王，至今不绝。这是周宣王日夜不懈地做好事得来的。孔子说"人能光大道，不是道光大人"。所以治和乱、废和兴，都在于自己。世遭衰乱并不是天命不可挽回，而是由于人君的行为荒谬，失掉了先王优良的传统啊！

【解读】

董仲舒的思想体系，严格来说，是一种以儒学思想为主体的综合性的学术思想。董仲舒以儒学思想为外衣和核心，将周代以来的宗教天道观和阴阳、五行学说结合起来，吸收法家、道家、阴阳家的思想，建立了一个新的思想体系。董仲舒提出"天人合一"的思想体系，追求天人和谐。他所追求的这种天人和谐思想体系，也正是通过其倡导的天人感应学说来体现的。董仲舒的天人感应学说，实质上是杂糅了西周以来的天命神学感应论和战国以来的自然化的天人感应思想所建立的理论体系。他在"天"这个至上人格神与人之间的感应中加上了非正常的自然现象，即所谓的"祥瑞"和"灾异"作为媒介，并以当时广为流行的阴阳五行神秘学说为依据，进行了详细论证。在董仲舒的天人感应学说中，天显祥瑞和天降灾异是天人感应的两个基本观点，其落脚点在于论证君权神予与君权神夺，认为天为"万物之主""百神之大君"，天人同类，同类互感，这是天人感应的原因，表现在于天因人主政治修明而降祥瑞、天因人主政治昏暗而降灾异。这个思想也正符合汉初休养生息的现实国情，也正符合汉武帝追求大一统的思想。因而董仲舒的思想体系成为当时的正统思想，也成为影响后世的重要思想体系。

十四、《法言》中的"和合"

《法言》体裁形式上类似语录。全书共13卷，每卷30条左右，最后有一篇自序，述说每卷大意和写作意旨，但并不能完全概括各卷的内容。各卷在内容上也有交叉。所以自序实际上是扬雄借此更进一步阐述自己的思想。《法言》的内容广泛，对哲学、政治、经济、伦理，以及文学、艺术、科学、军事乃至历史上的人物、事件、学派、文献等，都有所论述。《法言》反对方士巫术、象龙致雨、神仙不死等，对人类成仙而长生不死明确否定。在认识论问题上，《法言》反对生而知之，强调后天的学习和行为。《法言》中所表现出的对以董仲舒哲学和谶纬经学为代表的神学目的论的怀疑和不满，为后世的唯物主义哲学家所继承和发扬，促进了我国古代唯物主义哲学和无神论思想的发展，对科学技术的发展起积极作用。同时，捍卫正统儒学对后世儒家所谓道统的建立有重要的启发作用。

【作者简介】

扬雄（前53—18），字子云，蜀郡成都人。西汉末年思想家、文学家、教育家。少年时好学，当时正是儒家经学昌盛时期，各学派都有对经文逐句逐字解说阐发的章句，读书人也多埋头于研习章句，以求学通一经而作为进身之阶。扬雄对这种烦琐、拘谨的章句之学不感兴趣，读书只求通晓训诂大意即可，而致力于"博览"和"深思"。年轻时喜好辞赋，以司马相如的作品为效法的楷模。汉成帝时来到京城，任黄门侍郎。以后认为辞赋不过是"童子雕虫篆刻"，"壮夫不为也"（《法言·吾子》），转而研究哲学。由于不善于巴结权贵，故长期不得升迁。直至王莽称帝后，按年资才转为大夫，职务只是在天禄阁上校书而已。一生始终未得重用，后期潜心于学术著述和收徒讲学。

【选文】

或问："何以治国？"曰："立政。"曰："何以立政？"曰："政之本，身也，身立则政立矣。"

或问："为政有几①？"曰："思斁②。"或问"思斁"。曰："昔在周公，征于东方，四国是王。召伯述职，蔽芾甘棠，其思矣。夫齐桓欲径陈，陈不果内，执袁涛涂，其斁矣夫。於戏，从政者审其思斁而已矣。"

或问："何思？何斁？"曰："老人老，孤人孤，病者养，死者葬，男子亩，妇人桑之谓思。若汙人老③，屈人孤④，病者独，死者逋⑤，田亩荒，杼轴空之谓斁。"

为政日新⑥。或人："敢问日新。"曰："使之利其仁，乐其义，厉之以名，引之以美，使之陶陶然之谓日新。"

或问"民所勤"。曰："民有三勤。"曰："何哉所谓三勤？"曰："政善而吏恶，一勤也；吏善而政恶，二勤也；政、吏

骇恶，三勤也。禽兽食人之食，土木衣人之帛。谷人不足于昼，丝
人不足于夜之谓恶政。"

············

人必先作，然后人名之；先求，然后人与之。人必其自爱也，
而后人爱诸；人必其自敬也，而后人敬诸。自爱，仁之至也。自敬，
礼之至也。未有不自爱敬而人爱敬之者也。——《法言·君子》

【注释】

①几：什么（要点）。

②思：如果为政者能使人各得其所，就是人民想要的，这叫作思。斁：如
果为政者让人民厌恶愁苦，这叫作斁。

③汙：侮辱怠慢。

④屈：穷困。

⑤逋：通"曝"，指尸体暴露。

⑥日新：清明的政治。

【翻译】

有的人问："怎么来治理国家？"答："确立为政之道。"
问："怎么来确立为政之道？"答："为政之道的根本，在于人本
身，确立了人本身的立世之道，那么为政之道就随之确立了。"

有的人问："为政之道有哪些要点？"答："如果为政者能使
人各得其所，就是人民想要的，这叫作思；如果为政者让人民厌恶
愁苦，这叫作斁。"有的人问"怎样才是人民想要的，怎样才是人
民厌恶的"。答："以前在周公所处的年代，出征东方，四方国家
都得到了匡正；召伯回周天子那儿陈述履职情况，老百姓对他留

下的甘棠树都倍加珍视，这就是人民想要的。齐桓公想经过陈国伐楚，陈国不接纳齐国军队，于是就攻下城来，捆绑了袁涛涂，那就是人民厌恶的了。哎呀，从政的人要审慎地思考人民的好恶是什么罢了。"

有的人问："人民想要的是什么，人民厌恶的是什么？"答："尊奉他人的老人，怜惜他人的孤子，养育有病的人，安葬亡者，让男人能安心从事农务，女人能安心从事丝织，这就叫思。如果侮辱别人的老人，欺侮别人的孤子，病者就让他孤独生活，死者拖着不埋葬而任其尸体暴露在外面，让田地无人劳作，一片荒芜，使织机旁无人织布，这就叫戁。"

为政应当是清明的政治。有的人问："敢问什么叫清明的政治？"答："使老百姓保持仁爱为利，坚持正义为乐，用荣誉来勉励他们，引导他们向善，使老百姓感到非常快乐，这就叫作清明的政治。"

有的人问"老百姓所劳苦的事"。答："老百姓有三种劳苦的事。"问："你所说的三种劳苦的事是什么？"答："政事是好的，但官吏是坏的，这是第一种使老百姓劳苦的事；官吏是好的，而政事是坏的，这是第二种使老百姓劳苦的事；政事、官吏都是坏的，这是第三种使老百姓劳苦的事。禽兽吃着人吃的饭食，土偶木偶穿着人穿的衣服。种田的人白天没有饭食，织布的人在夜里没有衣穿，这就是所谓坏的政事。"

…………

人一定是先有所为，这之后人们才给其命名；先有所求，这之后人们才会给他。人一定是先自己珍爱自己，而后别人才会珍爱他。自己尊重自己，而后别人才会尊重他。自己珍爱自己，是最大的仁爱；自己尊重自己，是最大的礼仪。从来就没有不自己珍爱、尊重自己而能获得别人珍爱尊重的。

【解读】

扬雄政论性的《法言》一书，仿《论语》而成，其理论基础便是中和思想。扬雄在《法言》中表达了中和是万物发展之道，也是人类社会致治之道。他认为理想的政治便是中和政治。无过无不及即是"中"，天地万物杂处而有序和谐即是"和"。实现了中和，就能达到自然与社会完美和谐的境界。"中"与"和"的观念来自于《礼记·中庸》。"中"的本义是喜怒哀乐之未发的状态。在这里他借用《周易》乾卦里用龙潜升来喻时位不同的说法，将"中"理解成对圣人之道的一种规定。"和"的本义是喜怒哀乐已发而后的"中"，即和谐。在他的理念里，"和"即是"中"的施行，是以"中"为规定性的。扬雄肯定要实行中和之道，就必须重视知识思维的积累运用，就必须理性地去认知把握事物。他提出"立政鼓众、动化天下，莫尚于中。中和之发，在于哲民情"。他在肯定中和之道是动化天下的最佳致治之道时，强调了要在政治中很好地实施贯彻中和之道，就必须通晓明达老百姓的情况。这里的"哲"是"通晓"意义，是理性之"明"。这种"中和之发，在于哲民情"的观点在儒家中和发展史上具有重要意义，因为它第一次直接明确地把"中和"与理性思维之"哲"联系统一起来，它是对孔子和《易传》重视"智"性认知思想的继承发扬，"中和之发，在于哲民情"与以后宋明理学的"中和之致在于心"形成了鲜明对照，它充分体现了扬雄中和哲学的理性性质，使它与当时盛行的黄老道家的非理性中和哲学清楚地区别开来。

十五、《论衡》中的"和合"

《论衡》一书为东汉思想家王充所作，大约作成于汉章帝元和三年，共30卷，85篇，其中《招致》篇有目无文，故实存84篇。王充以唯物主义无神论思想较全面地抨击了汉代占统治地位的唯心主义神学。《论衡》具有批判性，体现了近代科学精神，是当时百科全书式的著作，涉及内容广泛，有关于命运的问题，也有关于认识的问题，但主要是对唯心主义神学的批判。具体分为三个方面，第一，对当时天人感应学说的批判，详细地阐述了天是物质的、自然的，与地一样有自己的运行规律，而不是具有神秘主义色彩的神，同时驳斥了君权神授的思想观点，以"物生自类本种"来批判这一观点；第二，对圣贤神化的批判，针对当时鼓吹"圣人之道如同天地""圣人是天神生的无所不能"这样的观点进行严厉的批判，王充认为圣贤和普通人一样都需要靠感官与外界接触，然后经过实践与理性思考最终获得对事物的认识；第三，对当时的鬼神以及封建迷信的批判，汉代统治者为了维护中央集权的封建统治，不仅宣扬天神，还乞灵于各种鬼神，封建神学大肆兴起，王充就专门对这一问题进行了相关论述，尤其是对"人死为鬼"的说法进行猛烈抨击。

【作者简介】

王充（27—97），字仲任，会稽上虞（今属浙江）人。东汉唯物主义哲学家、无神论者。王充，六岁学写字，八岁到书馆学习，十七八岁到都城洛阳求学，拜班彪为师。王充曾写过四部书《论衡》《讥俗》《政务》《养性》，今存《论衡》一书。他的思想以道家的自然无为为立论宗旨，以"天"为天道观的最高范畴，以"气"为核心范畴，由元气、精气、和气等自然气化构成了庞大的宇宙生成模式，与天人感应论形成对立之势，反对将儒学神化，充分体现了唯物主义哲学思想，并且他还主张生死自然、薄葬，以事实验证言论。

【选文】

儒者论曰："天地故生人^①。"此言妄也。夫天地合气^②，人偶自生也^③，犹夫妇合气，子则自生也。夫妇合气，非当时欲得生子，情欲动而合，合而生子矣。且夫妇不故生子^④，以知天地不故生人也^⑤。然则人生于天地也，犹鱼之于渊，虮虱之于人也^⑥，因气而生^⑦，种类相产^⑧。万物生天地之间，皆一实也^⑨。——《论衡·物势篇》

【注释】

①故：故意，有意识地。

②天地合气：指天上的气下降，地上的气上升，互相结合。气，王充认为它是构成人和万物的物质元素，是天地星宿这些物质实体在不断的运动中自然而然地施放出来的。

③偶：偶然地。

④且：发语词。

⑤以：因此，由此。

⑥虮：虱子的卵。

⑦因：凭借。

⑧种类相产：同种类的东西相繁殖。

⑨实：事实。

【翻译】

儒者评论说："人是天地有意识地创造出来的。"这话实在是荒诞。天上的气下降，地上的气上升，互相结合，然后人就偶然地自己产生了，就好像丈夫与妻子的气相结合，孩子就自己出生一样。这样的事实说明丈夫与妻子的气相结合，并不是因为当时想生孩子，而是情欲冲动在一起，所以生下了孩子。夫妻之间都不是有意识地安排生孩子，那么天与地之间也不会有意识地创造人。由此说来，人生在天地之间，就好像鱼生在深水里，虮子长在人身上一样，都是凭借气而出生，这些东西的产生都是出于同种类的东西。万物产生于天地之间，其实也是同样的情况。

【解读】

两汉时期形成"罢黜百家，独尊儒术"的局面，儒学成为统治阶级的主导思想。这一时期的儒学不同于春秋战国时期的儒学。因为这一时期出现了儒学神化的现象，统治阶级为了巩固其统治地位，宣传君权神授、天人感应等唯心主义思想，所以王充针对当时的社会政治情况，对唯心主义神学进行了猛烈的抨击，提出了自己的新的唯物主义哲学思想，颇具近代科学精神。该选文是王充以朴素唯物主义哲学思想来驳斥以董仲舒为代表的反动的神学目的论。东汉时期一些儒者说人是天地有意识地创造出来的，这是典型的神学目的论，王充以事实来推理论证，万事万物并不是有意识地形成的，而是无意识地、偶发性地形成的，与阴阳之气是否和谐有着直接的关系，也就是"天地合气，万物自生"。由此可见阴阳和合的重要性，体现了他的和合思想。借此他又提出圣人也是阴阳合气所生，并不是其他气，这对于他批判圣人神化也具有一定的积极作用，当然他还是肯定圣人的贤，但是却不能容忍圣人的贤被统治者来加以歪曲，并且来误导平民百姓，总体来说他所提出来的和合思想具有进步意义，对现今社会的和谐关系也有时代价值，但是由于历史与思想的局限性，王充认为人与事物都是偶发性形成，在认识上又表现出不彻底性，因为人类的产生是物质世界发展到一定阶段的产物，体现出一定的必然性，但是他还没有意识到这一思想，这是他的思想的局限性表现。

十六、《太平经》中的"和合"

后汉《太平经》现存的只有明朝道藏的一本，原170卷，今本残存57卷，本文主要参考王明的《太平经合校》。王明根据《太平经钞》和其他27种引书加以校、补、附、存，基本上还原了170卷的原貌。《太平经》是中国道教初期的经典，主要思想包括以下几个方面。在实存的文章中，以法、诀为大宗，其次是戒，复文和敕。"法"侧重于太平道的原理、准则、定律等，"诀"侧重于与太平道相应的，特别是相对的东西做出裁决，"戒"是对修道施术的重大事项指点迷津，"复文"是需要重点述说的文字，"敕"是借助高天之口发布的命令。《太平经》的基本内容以奉天地顺五行为本，上承老子的道教，大部分思想宣扬有神论、唯心主义，当然也有一些进步思想。文中阐述了宇宙世界观方面的思想，认为世界的本原是"元气"，事物都是由"元气"变化生成的，同时还提出"太阳、太阴、中和"的"三合相通"观点，在一定程度上体现了朴素唯物主义的观点；在社会思想方面，一些篇章反对剥削与压迫，同情社会底层劳动者，这是其积极思想的表现，也有一些消极思想；在道论方面，它提到上古大真道法，这是由教人学道、学德、学仁、学谨、学古、学长生等构成，这也是《太平经》的内涵所在。本文选自《阙题》篇，该篇主要讲述了元气自然、天地三光、春夏秋冬和万事万物、男女喜怒哀乐等所带来的不同景象和结果，强调孝道以及阴阳和合等思想。

【作者简介】

《太平经》作者今不可考，从甘忠可、夏贺良等人到于吉、宫崇，表明该书不是一人一时写成的，书中也有一些矛盾的地方，所以更可能出自众人之手，而且《太平经》是从西汉末年到东汉顺帝时经过长时间的酝酿而成的，对于该书最早记载的是范晔的《后汉书》，文中称"于吉（于一作干）所得神书，号曰《太平清领书》"。本文主要参考王明的《太平经合校》。王明（1911—

1992），曾为中国社会科学院研究员，主要从事中国哲学史、传统文化尤其是道家、道教等领域的研究工作。他在书中尽可能详细地阐述有关经文、佚文的对照线索。《太平经合校》一书自问世以来就受到广大学者的关注，被认为是研究《太平经》权威的、详备的底本。

【选文】

元气自然乐，则合共生天地，悦则阴阳和合，风雨调。风雨调，则共生万二千物。凡物乐，则奇瑞应俱出①，生万物之应，精上著天②，三光更明察察也③。三光乐而合，则四时顺行④。春乐生，夏乐长，秋乐收，冬乐藏。四时乐喜，五行不逆⑤，则人民兴。人民兴则帝王寿，帝王寿则凡民乐，凡民乐则精物鬼邪伏矣。精邪伏则无夭病死之人⑥。无夭伤人，则太平气至矣。万国不战斗，盗贼贪猾绝矣。——《太平经合校·阙题》

【注释】

①奇瑞应：指凤凰至，芝草生之类。

②精：指万物之精。汉代谶纬宣称，万物之精，在天为星辰，各有所属。

③三光：日、月、星。

④顺行：依次交替。

⑤不逆：保持正常的生克关系。

⑥夭：未成年而死。

【翻译】

化生宇宙万物的无形实体元气按照自然的本性很快乐，元气和合，化生出天地，天地喜悦则阴阳和合，风调雨顺。风调雨顺，则化育出自然界的万物。万物喜悦，则自然界的各种奇瑞都会应时而产生，万物相互感应。万物的精气上贯到天上去，日月星更加辉煌灿烂。日月星和合，则四季运行协调。春天万物发芽，夏天万物生长，秋天收割万物，冬天收藏万物。四季喜悦分明，五行保持正常的生克关系，则人民兴旺。人民兴旺则帝王长寿，帝王长寿则百姓欢乐，百姓欢乐则精物鬼怪邪物不存在。精物鬼怪邪物不存在，则没有夭折病死的人。没有夭折病死的人，则太平气到了。万国和平相处，没有战争，盗贼、贪婪狡猾的人也都绝迹了。

【解读】

《太平经》一书是道教的经典著作，上承老子的道教，在宇宙观上它认为万物由元气构成，同时还提出"太阳、太阴、中和"的"三合相通"观点，这体现了朴素的唯物主义观点。在社会政治理想上，它想要实现社会的极大和平、极大公正，但是唯心主义和宗教神学论色彩浓厚。本文论证了关于和合的思想，阐述乐为阳精，为大化之本，具有实现阴阳和合的功能，和合则万物兴，万物兴促使实现和合，天地中和，化育出万物。

十七、《王弼传》中的"和合"

《王弼传》是西晋大臣何劭给三国时期魏国玄学家王弼（226—249）所作的传记。传记简洁而全面深入，不仅记述了王弼短暂而有意义的一生，更为重要的是对王弼的思想、人品进行了深刻反映。其中特别写到王弼与何晏、钟会等人关于有情、无情的争论，将王弼"体冲和"的思想进行了记述。《王弼传》对后世文学及人物研究有一定影响。

【作者简介】

何劭（236—301），字敬祖，陈郡阳夏（今河南太康县）人，司徒、太傅何曾次子，西晋大臣。何劭所撰《荀粲传》《王弼传》及诸奏议文章，对后世的文学及人物研究有一定的影响。

【选文】

何晏以为圣人无喜怒哀乐，其论甚精，钟会等述之。弼与不同。以为圣人茂于人者神明也[1]，同于人者五情也[2]。神明茂，故能体冲和以通无。五情同，故不能无哀乐以应物。然则圣人之情，应物而无累于物者也[3]。今以其无累，便谓不复应物。失之多矣。——《王弼传》

【注释】

①茂：有才德。

②五情：喜、怒、思、忧、恐，泛指人的情感。

③累：牵连。

【翻译】

何晏认为圣人没有喜怒哀乐，他的论道十分精辟，钟会等也赞同他的思想。王弼则与他们的思想认识不同。他认为作为才能品行出众的圣人，与常人一样也有人的情感。圣人才能品行出众，因此能够内心平和来应对事物。圣人也有五情，因此对事物不能没有情感反应。圣人的情感应对事物而不牵连事物。现在认为圣人不牵连其他事物便是不能应对事物，失去的太多了。

【解读】

论述魏晋时期玄学中关于"和"的思想，王弼的学术思想可以说极具代表性。王弼的哲学一般被称为"贵无论"，就是将老子的"道"直接看成是"无"，从而把"无"看作是宇宙万物存在和发展的终极依据。王弼从"以无为本"出发，提出了关于圣人人格的理论——"以虚为主""以无为心"的精神境界。圣人人格的问题即圣人应具有什么样的精神境界，在王弼看来能作为理想的统治者的只能是"圣人"，但这个"圣人"已不是传统意义上的圣人了，他是"与道同体"的"体无"的，也就是经过王弼改造了的儒道兼具的"圣人"。王弼在与钟会、何晏等人论道时讲到，圣人与凡人一样都具有喜怒哀乐之情，他所高于凡人的地方就在于他有超出凡人的智慧，有了这种智慧就能与"无"相同，就是圣人内心的"和"，及王弼所讲的"体冲和"。

十八、《通书》中的"和合"

《通书》由北宋周敦颐所著，共有40章，主要讲的是所谓"人极"，是周敦颐读《易经》的心得。周敦颐是宋明理学的开山鼻祖，他以他的境界，出入于儒释道三教，在学习《易经》的过程中，将心得写了40章。这40章里，融通了儒释道的根本精神，把儒释道的智慧通过读书心得凝练在一起。周敦颐的著作，被后人合编为《周子全书》，将宇宙本原道德化，并从中寻求封建伦理道德的永恒性依据。《通书》选自《周子全书》。

【作者简介】

周敦颐（1017—1073），字茂叔，号濂溪，宋道州营道楼田堡（今湖南道县）人。北宋哲学家，是学术界公认的理学派开山鼻祖。明万历中（1587—1598），周敦颐与李宽、韩愈、李士真、朱熹、张栻、黄干同祀石鼓书院七贤祠，世称"石鼓七贤"。周敦颐自幼"信古好义，以名节砥砺"，青少年时期在桂岭读书求学，然后在桂岭循级应科举考试而直取进士。周敦颐著有《周子全书》行世。周敦颐曾在莲花峰下开设濂溪书院，世称濂溪先生，濂溪书院是他讲学的讲坛，他的学说对此后理学的发展有很大的影响。周敦颐是把世界本源当作哲学问题进行系统讨论的鼻祖。他所提出的哲学范畴，如无极、太极、阴阳、五行、动静、性命、善恶等，成为后世理学研究的课题。他生前并不为人们所推崇，学术地位也不高。人们只知道他"政事精绝"，宦业"过人"，尤有"山林之志"，胸怀洒脱，有仙风道骨。但只有南安通判程太中知道他的理学造诣很深，并将两个儿子——程颢、程颐送到他的门下，后二程均为著名理学家。周敦颐与二程差异较大，周敦颐可称为修为精深、德行潜藏的隐士，大程明道先生可算作闲道人，小程伊川先生则俨然为学问宗师。宁宗赐周敦颐谥号为元，因此周敦颐又被称为元公，到理宗时，从祀孔子庙庭，确定了周敦颐的理学开山地位。

【选文】

或问曰①："何为天下善？"曰："师。"曰："何谓也？"曰："性者②，刚柔善恶，中而已矣。"不达③。曰："刚善为义，为直④，为断，为严毅⑤，为干固⑥；恶为猛，为隘，为强梁⑦。柔善为慈，为顺，为巽⑧；恶为懦弱，为无断，为邪佞。惟中也者，和也，中节也，天下之达道也，圣人之事也。故圣人立教，俾人自易其恶，自至其中而止矣。故先觉觉后觉，暗者求于明⑨，而师道立矣；师道立，则善人多；善人多，则朝廷正而天下治矣。"——《通书·师第七》

【注释】

①或：有的人。

②性：性情、禀赋。

③达：明白。

④为：表现为、显现为。直：直率、耿直。

⑤严毅：认真有毅力。

⑥干固：积极有恒心。

⑦强梁：蛮横霸道、不讲理。

⑧巽：谦和、谦逊。

⑨暗者：不明白道理的人。明：明白道理的人。

【翻译】

有人问："什么是天下的善？"回答说："师道。"又问："为什么这样说？"回答说："人的性情禀赋，有刚、柔、善、恶，中和就足够了。"不明白。说："刚善表现为讲义气，表现为直率、耿直，表现为做事果断有决断力，表现为做事认真有毅力，表现为做事积极肯干，并且能够持之以恒；恶表现为做事莽撞刚猛，表现为心胸狭隘，个性霸道，凶暴强横。柔善表现为对人慈爱，表现为顺从，表现为谦和；恶表现为懦弱，表现为不果断，表现为邪恶奸佞。只有追求中的人、和的人，才是符合时节的。是天下最通达的事情，是圣人的事情。所以圣人开办教育，让人们改变恶的禀性，直到其达到中才止。因此，先懂道理的人向后懂道理的人传授，不明道理的人向明白道理的人请教，这就有了师道。有了师道，那么向善的人就会变多，向善的人多了，那么朝廷就会充满正义，天下就会得到好的治理。"

【解读】

周敦颐的"和"的思想与《易经》有很大的关系。周敦颐论"和"的思想主要集中在《通书》论"乐"的三篇中，其他章节也有散见，如《礼乐》《慎动》《家人睽复无妄》等中。周敦颐的"和"的思想体现在：人与"天"之自然和谐、人与人之关系和谐、人与己之身心和谐。周敦颐以"无极而太极"探讨宇宙化生及万物与人的生成，最终落脚处是"主静立人极"，要人以天地为榜样，追求圣人境界，最终达到"天人合一"的最高本体。与此同时，周敦颐还主张以仁义道德为贵，以身心安静为富，倡导通过提高自身修养来建立人与人之间的友好和谐关系，并最终达到自身的身心之和谐。他从宇宙生成论角度证明天道即人道，同时吸取了孟子提出的人道到天道的思想，建立了比较完善的"天人合一"思想体系。一方面，周敦颐提倡"仁"，另一方面，周敦颐追求"中"。在他看来，"中"主要指适度中和之意。在中国人性论发展史上，他首次将"中"与人性联系在一起，他提出"以中言性"，并且将"中"摆在人性的核心位置。

十九、《张载集》中的"和合"

《张载集》主要讲述了张载的哲学、政治、经济等方面的观点。在哲学方面，他提出气一元论观点，从"天人一气"的世界统一性出发，展开了宇宙与人类社会同一"气化"的过程；在政治方面，他提出改革的思想，也提出要恢复井田制，解决社会不公不均的现象，从而达到社会太平的政治理想；在经济方面提出经济建设问题是国计民生的根本问题，主张为民谋利益等观点。共收录了《正蒙》《横渠易说》《经学理窟》《张子语录》《文集佚存》《拾遗》等著作，其中《正蒙》《横渠易说》《文集佚存》是其自己写的著作，其余为历年讲学的著作。本文节选自《张载集》中的《正蒙》，《正蒙》包括17卷。

【作者简介】

张载（1020—1077），字子厚，大梁（今河南开封）人，徙家凤翔府郿县（今陕西眉县）横渠镇，称横渠先生。北宋思想家、教育家、政治家。张载少年喜欢谈兵，心性成熟，热爱读书，研读

《中庸》，后又研读佛家、道家的典籍，将义理之学与圣人之道联结贯通，为开启儒学的新时代奠定了重要基础。张载于嘉祐二年（1057年）中进士，踏上仕途。后来由于政事上的冲突，他辞职回到横渠镇讲学，并写下大量著作，有《正蒙》《横渠易说》《经学理窟》《张子语录》。在哲学方面他坚持气一元论，提出太虚即气，万事万物都要回归到气的原始状态，气的本性就是不灭的永恒的客观存在等观点；他又将哲学上的天道观扩展到人道方面，即人性、道德修养等，他认为天地之性是清洁的，但是落实到人身之气则会出现清浊不明的现象，所以有气质性善与性恶之分，但是性恶也可以通过自身以及外界来矫正，使其向善，这就需要自身苦下功夫，需要加强个人修养，他在政治经济思想方面也均有论述。张载还创立了关学，这是他在陕西关中地区所创建的理学学派，关学注重尊儒、重礼、务实。

【选文】

气本之虚则湛一无形①，感而生则聚而有象②。有象斯有对，对必反其为；有反斯有仇③，仇必和而解。故爱恶之情同出于太虚，而卒归于物欲，倏而生④，忽而成，不容有毫发之间⑤，其神矣夫！——《张载集·正蒙》

【注释】

①湛：清貌。

②感：感应。象：形象，景象。

③仇：仇敌。

④倏：极快地，忽然。

⑤毫发：犹丝毫，极少，极细微。

【翻译】

气本身是虚的并且清澈、无形，有所感而聚集成有形象的。有了形象才会有对立面，有了对立面就会向相反的方向发展；有了相反的发展就会有对立面的斗争，斗争到一定程度就会走向和解。喜欢和厌恶之情都是出于太虚的，但最终都受到物质欲望的支配，突然产生，突然形成在毫发之间，很玄妙。

【解读】

张载的哲学思想坚持气一元论，认为世界是由气构成的，并提出太虚即气的观点，也就是把太虚规定为气的本体，即气的消散、原始状态。气聚则形成宇宙万物，气散则形成无形的太虚，万物生于气，又回归于气，所以太虚的本质还是气。有形的气形成事物，事物是运动变化发展的，他从世界统一学说出发，提出宇宙万物"对—反—仇—和"的内在运动规律，可见事物之间存在对立面，因此要使对立面实现统一，达到和合状态，所以他提到"仇必和而解"，这种观点不是矛盾双方同归于尽，不存在一方消灭另一方，而是对立面的地位转换，一方在此时处于支配地位，但是到了彼时就可能处于被支配的地位，所以说矛盾着的两方总是处于统一中，有形与无形总是会相互转化的，最后走向和合状态，虽然他没有更加深入地论述该问题，但是已经体现出辩证法的观点，具有积极意义。

二十、《四书章句集注》中的"和合"

　　《四书章句集注》是集《大学》《中庸》《论语》《孟子》于一体的巨作，是一部儒家理学的名著，是封建社会非常重要的经典著作，为宋代朱熹最有代表性的著作之一，是"四书"的重要的注本。其内容分为《大学章句》《中庸章句》《论语集注》以及《孟子集注》。《大学》《中庸》中的选文注释称为"章句"，《论语》《孟子》中的选文注释集合了众人说法，称为"集注"。后人合称其为《四书章句集注》，简称《四书集注》。《四书章句集注》共19卷，朱熹于1190年在福建漳州刊出。

【作者简介】

　　朱熹（1130—1200），字元晦，一字仲晦，号晦庵，晚称晦翁，又称紫阳先生、考亭先生、沧州病叟、云谷老人。谥文，世称朱文公。祖籍江南东路徽州府婺源（今江西婺源），出生于南剑州尤溪（今属福建三明市）。南宋理学家、思想家、哲学家、教育家、诗人，闽学派的代表人物。世称朱子，是孔子、孟子以来最杰出的弘扬儒学的大师。朱熹在"白鹿国学"的基础上，建立白鹿洞书院。在潭州（今湖南长沙）修复岳麓书院，讲学以穷理致知、反躬践实以及居敬为主旨。他继承二程，又独立发挥，形成了自己的体系，后人称为程朱理学。

孔伋（前483—前402），氏孔，名伋，字子思，孔子之孙，鲁国人。战国时期思想家，儒家的主要代表人物之一。与孔子、孟子、颜子、曾子比肩共称为五大圣人。因此旧时以子思、孟子、颜子、曾子配祀孔子于孔庙，所以又与孟子、颜子、曾子并称"四配"。子思的生平事迹已难详考，据说他曾师事曾子，孟子是其再传弟子，程朱一派对《中庸》尤为尊崇，以为"此篇乃孔门传授心法，子思恐其久而差也，故笔之于书，以授孟子"（朱熹《四书章句集注》）。唐宋开始，"道统"论兴起。学者一般认为，子思上承曾子，下启孟子，在孔孟"道统"的传承中占有重要地位，而《中庸》亦为儒家心性理论的主要渊薮之一。北宋徽宗年间，子思被追封为"沂水侯"；1330年（元朝文宗至顺元年），又被追封为"述圣公"，后人由此而尊他为"述圣"。

【选文】

天命之谓性^①，率性之谓道^②，修道之谓教。道也者，不可须臾离也；可离，非道也。是故君子戒慎乎其所不睹，恐惧乎其所不闻。莫见乎隐^③，莫显乎微。故君子慎其独也。喜怒哀乐之未发，谓之中^④；发而皆中节^⑤，谓之和。中也者，天下之大本也；和也者，天下之达道也。致中和^⑥，天地位焉，万物育焉。——《四书章句集注·中庸章句》

【注释】

①天命：天赋，此处指人的自然禀赋，并无神秘色彩。

②率性：遵循本性。率，遵循，按照。性，本性。

③莫：在这里是"没有什么更……"的意思。乎：于，在这里有比较的意

味。隐：暗处。

　　④中：无所偏倚。

　　⑤节：礼节，节制。

　　⑥致：达到。

【翻译】

　　人的自然禀赋叫作"性"，顺着本性行事叫作"道"，按照"道"的原则修养自身叫作"教"。"道"是不可以片刻离开的，如果可以离开，那就不是"道"了。所以，品德高尚的人在没有人看见的地方也是谨慎的，在没有人听见的地方也是有所戒惧的。越是隐蔽的地方越是明显，越是细微的地方越是显著。所以，品德高尚的人在一人独处的时候也是谨慎的。喜怒哀乐没有表现出来的时候，叫作"中"；表现出来以后符合节度，叫作"和"。"中"，是人人都有的本性；"和"，是大家遵循的原则。达到"中和"的境界，天地便各在其位了，万物便生长繁衍了。

【解读】

　　《中庸》从道不可片刻离开切入，强调在《大学》里面也阐述过的"慎其独"问题，要求人们加强自觉性，真心诚意地顺着天赋的本性行事，按道的原则修养自身。解决了上述思想问题后，才正面提出"中和"这一范畴，进入全篇的主题。在一个人还没有表现出喜怒哀乐的情感时，心中是平静淡然的，所以叫作"中"，但喜怒哀乐是人人都有而不可避免的，它们必然要被表现出来。表现出来而符合常理，有节度，这就叫作"和"。二者协调和谐，这便是"中和"。人人都达到"中和"的境界，大家心平气和，社会秩序井然，天下也就太平无事了。

中庸作为儒家思想的主要道德标准，是儒家道德实践的最高行为规范。孔子在《论语》中提出中庸这一概念，经过历史的演进而不断发展，如今已能自成体系，为人们提供正确的思想指导。《中庸》继承和发扬了孔子的"中庸"思想，将中庸与性命、天道联系起来，把"中庸"思想由伦理关怀提升到了宇宙法则的高度。使"中庸"思想成为"中庸之道"，也把"中庸之道"融入中华文明的内核。中庸由"中"和"庸"两字构成，但最能突出"中庸"意义的还是"中"字。"中"既具有内在的原则性，又具有外在的超越性。"中庸"的深层含义是作为一种"成仁"的思想观念和价值体系，它不是折中与平庸，不是不敢为天下先；而是用"慎独"的方法，以"用中"的思维模式，实现"持中有度"的处世之道，进而促进事物和谐有序的发展。儒家"和"思想所追求的最终目标就是以"仁"学为主体价值，以"中庸"实践为具体方法，实现"共生共存、相相而新"的和谐状态。

二十一、《陆九渊集》中的"和合"

宁宗开禧元年（1205年），陆九渊的长子陆持之搜集陆九渊的遗文，编成《象山先生全集》，共28卷，《外集》6卷，杨简作序，嘉定五年（1212年）由其门人袁燮刊行。1980年中华书局出版点校本《陆九渊集》。《陆九渊集》收录了他传世的全部著作，一共36卷，全书包括书信、奏表、记、序、杂著、讲义、策问、诗、程文，还有其门弟子编的语录等，书后附有相关的序跋资料，是研究宋明理学的必读书。书中阐述了陆九渊的哲学思想。陆九渊的思想接近程颢，偏重心性的修养，他认为朱熹的"格物致知"方法过于"支离破碎"，他的哲学思想的核心是"心即是理"，表明理在人人心中，将心作为主体意识的本体，这是他的哲学的最高范畴，也是他的哲学的出发点和终结点。

【作者简介】

陆九渊（1139—1193），字子静，抚州金溪（今江西金溪）人，书斋自号存斋，曾讲学于应天山，将应天山改名为象山，故称象山先生，南宋理学家、思想家和教育家，宋明两代"心学"的开山之祖，主观唯心主义的代表，与朱熹齐名，但见解多不合。陆九渊家境并不富裕，生活在一个几世同居的大家族，有着严格的家训家规。大家族中父子相传，兄弟相继，读书识礼，对其思想也有重要影响。陆九渊生性成熟，不喜玩耍，热爱读书，8岁读《论语》就对有子的话产生怀疑，9岁便能作文，13岁因"宇宙"二字顿悟，开始走上心学之路，34岁考中进士，得到主考官的赏识，使其名声大震，回家后开始槐堂讲学，门徒众多，这期间他的"心即理""发明本心"的心学逻辑思想初具规模，后经历鹅湖之会、南康之会，使其学术思想引起极大反响。

【选文】

盖正己之学^①，初无心于求胜，大中之道，初不偏于刚柔^②。

沉潜刚克③，高明柔克，德之中也。强弗友刚克，燮友柔克④，时之中也。时乎刚而刚，非刚也，中也。时乎柔而柔，非柔也，中也。其为道也，内外合，体用备，与天地相似，与神明为一，又安有求胜之心于其间哉？屈伸视乎时，胜否惟其德。——《陆九渊集·卷二十九》

【注释】

①正己：端正自己的思想、言行。

②柔：柔和。

③沉潜：思想感情深沉，不外露。克：胜。

④燮：协和，调和。

【翻译】

端正自己的学问，原本无心于求取胜利。适中的道，原本不偏执于刚强或柔弱。沉潜的人内蕴刚强，高明的人内蕴柔弱，这是德的适中状态。对于强硬不能取胜的人，就要用强硬的办法镇压，对于可以调和亲近的朋友，就用柔和的办法对待，这是时机的适中状态。在适当的时机表现出来的刚强，不是一味的刚强，而是适中。在适当的时机表现出来的柔弱，并不是一味的柔弱，是适中。真正的大道，内外相合，体用兼备，与天地很相似，和神明为一，又哪里有求取胜利之心在其间呢？应当委曲求全还是积极有为，应当视时机而定，能不能胜利这要依赖于那个德。

【解读】

陆九渊哲学思想的核心是心即是理，还提出发明本心、易简工夫等观点，对后人产生了一定的影响。本文节选自《陆九渊集》第三十卷中《常胜之道曰柔论》一文。在这篇文章里，陆九渊对列子"常胜之道曰柔"的观点进行了细致的分析和反驳。首先引出列子的观点"常胜之道曰柔"，继而详述柔和胜之间的关系，陆九渊认为柔分为柔之体和柔之用，体用结合才能达到和合的状态，而列子的观点是偏向柔，偏向事物的一端，所以他从儒家学说出发对列子的柔论观点加以反驳，在儒家看来刚柔是相济的，真正的刚强应该包含柔弱，柔弱也应该包含刚强，文中也说内外相合，体用兼备，择机而动，这样才能实现适中。但是想实现胜，关键还在于德。

二十二、《陈亮集》中的"和合"

《陈亮集》是中国南宋陈亮的著作集，旧称《龙川文集》。全书共40卷，今存30卷。内容分为疏、策、论、表、书、启、诗、词、记、序等。该书对唯心主义理学进行了批判，阐述了唯物主义观点及军事辩证法思想，在中国哲学史上有一定意义。陈亮的思想特点是提倡功利，反对唯心主义的空谈主义，他认为道是客观事物的真理，存在于日常的客观事物中，道离不开日常的事物，人的喜、怒、哀、乐、爱好、厌恶恰到好处就是道，他的思想与朱熹的思想形成对照，并且对其提出了批评。他认为人的情感得到恰当的表现，才会得到内心的和，也才有利于构建社会的和谐。

【作者简介】

陈亮（1143—1194），原名汝能，字同甫，号龙川，称龙川先生，婺州永康（今属浙江）人。南宋思想家、文学家，永康学派代表。陈亮青年时即有大志，热心国事。十八九岁即写出《中兴五论》及《酌古论》，纵论古今治乱兴衰之道。他曾经先后三次上书孝宗皇帝，主张中兴，反对偏安一隅。因遭权贵嫉恨曾两次被诬入狱而刚直不变。晚年中进士，授建康府判官，但未及赴任即因病而卒。陈亮在文学、历史、政论以及哲学方面都有很大成就。他注重功利，对于理学家空谈道德性命之说的行为十分反感。他所写的政论气势纵横，词作豪放，有《龙川文集》《龙川词》。陈亮反对空谈性命之学，强调事物存在的客观性。他与朱熹多次进行论辩。所作文章，说理透辟。

【选文】

"不失其驰，舍矢如破①"，君子不必于得禽也，而非恶于得禽也②。范我驰驱而能发必命中者，君子之射也，岂有持弓矢审固而甘心于空返者乎？御者以正③，而射者以手亲眼便为能④，则两不相值，而终日不获一矣。射者以手亲眼便为能，而御者委曲驰骤以从之，则一朝而获十矣。非正御之不获一，而射者之不以正也，以正御逢正射，则"不失其驰"而"舍矢如破"，何往而不中哉！孟子之论不明久矣，往往返用为迂阔不切事情者之地。

夫道岂有他物哉⑤？喜怒哀乐爱恶得其正而已⑥。行道岂有他事哉？审喜怒哀乐爱恶之端而已⑦。不敢以一息而不用吾力⑧，不尽吾心，则强勉之实也。贤者在位，能者在职，而无一民之不安，无一

物之不养，则大有功之验也⑩。——《陈亮集·卷二十八》

【注释】

①舍矢：放箭。破：射中。

②恶：讨厌。

③御：驱车。

④射：射猎。

⑤道：大道。

⑥正：规范。

⑦审：审查。

⑧息：呼吸，比喻极短的时间。

⑩验：表现。

【翻译】

按规范驾车，箭发出就一定会射中目标。君子不是必须要得到猎物，也不是讨厌得到猎物。按规范驾车而能射中的，这是君子的射击吧。难道有手持着弓箭审视猎物而空手返回的吗？驾车的人按规范驾车，而射猎者以手眼能随机应变为才能，两者不相适应那么就会整日得不到猎物。射猎者以手眼能随机应变为才能，而驾车的人根据射猎需要驱车来配合，那么很快就会获得很多猎物。不规范驾车不会获得猎物，也不能说明射猎的人不随机应变，如果能够用规范驾车配合正确的射击，那么"驾车驰骋有章法"且"箭一放出就能射中目标"，在哪种情况下会射不中！孟子的说法人们不明白已经很久了，往往反而认为孟子高谈阔论不切实际。

大道还有别的什么要求吗？喜、怒、哀、乐、爱好、厌恶得其正罢了。传授大道还要有其他的事物吗？审查喜、怒、哀、乐、爱好、厌恶的原因罢了。不能因为一刻的松懈而不尽全力，不尽心，勉励自己奉行大道。贤能的人在位，有才能的人在职，那么没有一个百姓不安定，没有一样事物得不到照顾养育，这就是行大道获取大功的表现。

【解读】

陈亮认为道离不开日常生活，道体现在日常生活中，离开了日常事情，就无所谓道了。他所理解的"道"不是一个可以独立存在的实体，而是事物存在的基本法则或人在实践过程中应当遵守的基本规范，强调"道常行于事物之间"，道在陈亮的眼里既不是那些士大夫们认为的可以离开事物存在，也不是超乎事物存在，而是贯通于事物之中的。陈亮还强调事在人为，要求人们从"事"出发，遵循客观法则，同时要充分发挥自己的主观能动性，善于认识和应用规律，去认识和改造世界。而道则是这些事物的客观规律。他认为如果人的喜怒哀乐爱恶的感情可以恰到好处地表达出来就是道，道就是使得这些感情"得其正"。这里所说的正，是指与伦理道德相符合的基本准则，既不能超过也不能违反。人的情感能够得到恰当的表现，那么就会得到心的和乐、社会的和谐。这也是陈亮关于"和"的思想见解。

二十三、《叶适集》中的"和合"

《叶适集》是南宋唯物主义思想家和教育家叶适的著作，全书分三册，共45卷，包括29卷《水心文集》、16卷《水心别集》两部分。内有奏议、政论、史论、书启、杂著、诗词、墓铭等多方面的著作，论述了哲学、政治、经济、军事思想等观点。同时在《水心文集》中阐述了治学方面的思想，即师生之间的交流互动，也论述了关于经济方面的变革等内容，对当时的社会现实产生了较大的影响。

【作者简介】

叶适（1150—1223），字正则，号水心，温州永嘉（今浙江温州）人。南宋思想家、文学家、政论家。赠光禄大夫，获谥文定（一作忠定），故又称叶文定、叶忠定，又曾于浙江永嘉的水心村讲学，所以世称水心先生。叶适一生主要分为三个阶段：求学阶段、从政阶段、学术著述阶段。在求学期间他也曾上书言事，体现了重事功、谋实务的思想特点。29岁时考中进士，走上仕途。叶适认为人各依据中庸之道而行，就是"诚"，主体"致中和"的目的就是为了实现和保证"诚"，而"诚"之所在即是中庸。叶适反对与金和议，主张以改革求恢复，同时认为必须要"修实政""行实德"才能增强国家军事实力。开禧三年（1207年），叶适回到永嘉水心村，专门研究学术，是永嘉学派集大成者。他主张对事物作实际考察来确定义理，其思想具有批判性，体现了进步倾向，他的唯物主义思想对后世的学者有重大的影响。

【选文】

昔孔子叹材难，而舜止五臣，周之乱臣仅九人焉①。孟子亦言由尧、舜至于孔子，见闻之际，彰彰乎莫之企及也。道之凝聚显发，此最其盛者。然而本之为中庸②，固天所以降命乎我尔；要之为大学③，固物所以会通乎我尔。性合而中，物至于和，独圣贤哉？乃千万人同有也。何孔、孟所称稀阔而不多欤④？由孔、孟至于今，又加久矣，其可称者，何寥沉而不继欤⑤？呜呼！安得不博类广伦以明之，毕恭殚力以奉之欤⑥！此师友之教，学问之讲，所以穷无穷，极无极也。——《叶适集·水心文集》

【注释】

①乱臣：即治臣。

②本：依据。

③要：要领，关键。

④稀阔：稀疏，稀少。

⑤寥沉：即沉寥，空旷貌。

⑥殚力：竭尽全力。

【翻译】

孔子曾感叹良才难得，舜只有五位贤臣，周朝的治世能臣只有九个。孟子也说从尧舜到孔子，见到的和听闻的，很少能赶得上他们的。道德凝聚和显现发展，在这几个人（尧、舜、孔子）的身上是最为兴盛的。然而他们依据的中庸精神，是老天降命于人身上的；并用大学约束自己，与物相通。性合达到中和，让物处于有条理和谐的状态，难道只有圣贤才能做得到吗？这是千万人都能够做到的。但是为何孔子、孟子都感叹能达到这种状态的良才很少见呢？从孔子、孟子到如今，又过去很久了，但可以称得上良才的为何仍旧稀少难继呢？呜呼！应当认真地学习和研究，并竭尽所能地去实践它。这是师友之教，学问之讲，以此来穷极"无穷""无极"的目标。

【解读】

叶适经历了孝宗、光宗、宁宗三朝。这三朝发生了许多重要的历史事件，这些事件对叶适的学术思想产生一定的影响，为他成为永嘉学派集大成者而奠定基础。叶适主张吸收前人思想的合理内核，用唯物主义的观点来看事物之理，主张事功与义理相结合。同时他的思想也体现了辩证法的原理，比如他提出的一分为二及事物运动的观点。与前人所不同的是，他认为事物运动以及一分为二是物本身的内在矛盾运动的结果，这对当时的学术界有重要意义。叶适认为中和与诚、中庸有着密切的联系，中和足以养其诚。在文中他提到中和以及致中和的途径，这是他的和合思想。他认为中和是一种事物发展的和谐状态，是一种精神境界。但是达到中和还是有难度的，正如选文中所说本来应有千万人可以达到中和，但是很少有人能够致中和，这里好像有矛盾，但是我们去推理其逻辑，发现并无实质性的矛盾，因为中和是一种最高的境界和思维方法，不去下苦功夫，不去深钻理论知识和实践锻炼，不去静修，确实无法达到这种至高的状态。

二十四、《陈献章集》中的"和合"

《陈献章集》是明代思想家、教育家、诗人陈献章的著述集成，全书分上下册，共6卷。有疏、序、记、论等多种体裁，是研究陈献章思想的主要文献。在著述中，陈献章认为君子、平民百姓都应不停地追求大道真理，治理天下也需要遵从大道，用圣人们确立的"大中"思想来教育引导人，才能使人们拥有仁爱之心，得到内心真正的"和"与"乐"。

【作者简介】

陈献章（1428—1500），字公甫，别号石斋，晚号石翁，称白沙先生。新会（今广东新会）白沙里人。明代思想家、教育家、书法家、诗人。自幼聪明过人，读书一览便记。1447年（明英宗正统十二年）举人。次年考进士不第，绝意科举。宋以来的程朱理学占据了意识形态的统治地位，思想界如同一潭死水。而陈献章思想学说的创立，打破了程朱理学原有的理论格局，使明代的学术进入了新的阶段。他要求人们善于在自然状态中无拘无束地去体认本心。他极力倡导"天地我立，万化我出，而宇宙在我"的心学世界观。陈献章心学的出现，标志着明初程朱理学统一局面的结束，也是明代心学思潮的开始。它和后起的王阳明的心学，共同构成了明代心学的主要内容。

【选文】

君子一心，万理完具^①。事物虽多，莫非在我^②。此身一到，精神具随，得吾得而得之矣，失吾得而失之耳，厌薄之心^③，胡自而生哉？巢父不能容一瓢，严陵不能礼汉光。此瓢此礼，天下之理所不能无，君子之心所不能已。使二人之心果完具，亦焉得而忽之也。若曰：物，吾知其为物耳；事，吾知其为事耳。勉焉，举吾之身以从之。初若与我不相涉^④，比之医家谓之不仁。昔人之言曰："铢视轩冕，尘视金玉^⑤。是心也，君子何自得哉？然非其人，与语此反惑，惑则累之矣。"或应曰："是非所谓君子之心也，君子之辨也。"曰："然。然无君子之心，徒有轻重之辨，非道也。"

道无往而不在，仁无时而或息，天下何思何虑，如此乃至当之论也。圣人立大中以教万世，吾侪主张世道，不可偏高坏了人也。——《陈献章集·与张庭实主事十一》

【注释】

①具：具备。

②莫非：无不。

③厌：厌恶。薄：鄙薄。

④涉：相干。

⑤尘视：贱视、轻视。

【翻译】

君子的内心，即具备万物万理。天下事物虽然多，但是无不在我心中。我的身体到了哪里，我的精神也随之即至。我的精神得到了我内心所得，那就得到了事物之理；失去我内心的所得，那就失去了事物之理。厌恶鄙薄之心，又从何处产生呢？巢父遁世不能容一瓢之水的馈赠，严子陵清高，不能礼拜汉光武。此一瓢之水，此礼拜之举，是天下的事理中所不能没有的，君子之心所不能停息追求的。假使两人的内心果然具备万物万理，怎么就能忽视呢？如果说：物，我知道它为物；事，我知道它为事。勉励我自己，拿我全部力气来追寻它们。一开始好像与我毫不相干，就好像医家所说的感觉功能迟钝或丧失。前人曾经说："轻视豪贵之人，贱视金玉等宝物。这种心，君子从何得到呢？然而不是君子的，与他们谈这道理，他们反而迷惑不解，如果迷惑那就为道理所牵累了。"有的人说："不是君子之心，而是君子的辩证的言论。"有的人回应说："是的。但是没有君子之心，只有轻与重的明辨，还不是掌握了道。"

"道"无处不在，"仁"无时无刻不处于其中，治理天下需要有什么思虑（只要遵从大道，拥有仁爱之心就够了），这是至为精当的言论。圣人确立大中之论来教导后世万代，我辈谈论治理天下的大道，不可用过于大中之论的思想来误导了别人。

【解读】

陈献章的一生充满了坎坷不平。他几次科举不中，一身学问但是仕途不顺。在他生活的时代，中国商品经济得到了一定的发展，为当时我国封建社会经济发展注入了新的活力。也正是在这一时期内，中国处于一个学术氛围沉闷的时代，且宋代以来的程朱理学牢牢地占据着统治地位，思想界如同一潭死水。此时，在陈献章理论体系中，他主张"大道"并不是只有圣人才能追求的，作为普通平民百姓也可以去追求，只不过是得道的方法不易掌握。他认为心与理是合二为一的，这也与朱熹学说中"心与理为二"相异。同时，陈献章认为圣人追求"大中"的思想，提出了天下之理，止于"大中"，追求"大中"的思想才能获得内心真正的和与乐。这也是陈献章思想体系中"和"的体现。陈献章的和谐观对儒道两家都有继承。一方面，他追求和谐的社会，痛恨破坏世间秩序的现象。另一方面，陈献章追求与天地合一的精神自由。他在精神上追求人与天地往来的和谐和自适，陈献章的"自得之学"实际上是"天人合一"的极致，追求个人人格的独立与身心的和谐。

二十五、《中和说》中的"和合"

《中和说》是康有为"和"思想的代表性论作之一，通过对朱熹等宋明理学家有关"和合"之辩的评论，提出了他的"中和"思想。主张以"中"为性体，从静中看喜怒哀乐未发气象，把未发、已发的涵养功夫都归之于静，并以此为率性功夫。

【作者简介】

康有为（1858—1927），原名祖诒，字广厦，号长素，又号明夷、更甡、西樵山人、游存叟、天游化人。广东省南海人（属广东佛山）。晚清政治家、思想家、教育家，资产阶级改良主义的代表人物。经济上主张变法使中国走上资本主义的道路。政治上，反对君主专制政体，主张君主立宪。由此，康有为在中国明确提出了作为资产阶级民主立宪理论基础的身份平等观，并提倡权力制衡。同时，康有为吸收了西方自由主义的民权观，强调公民自治、地方自治。教育上，康有为把教育作为培养维新变法人才的主要途径。光绪十四年（1888年），第一次上书光绪帝请求变法，受阻未上达。光绪二十一年（1895年）得知《马关条约》签订，联合1 300多名举人上万言书，即"公车上书"。

【选文】

夫自周子开主静立极之说①，传之程子②，龟山传道而南③，常教人正心，须于喜、怒、哀、乐未发之际，体所谓中，既发之后得所谓和。罗仲素传龟山之学④，亦以《中庸》进退之由，必自未发之中，以至于畛肫肫渊渊浩浩，故教李延平⑤、朱韦齐令静中看喜、怒、哀、乐未发气象。延平常终日危坐，验未发时气象。故教朱子亦以此言为《中庸》之指要⑥。

盖朱子说道理最恶笼统⑦，又参以程子主敬之说，以静为偏，不复理会。迨晚年深悔用功之疏，而信延平立教之无弊，盖经转折证，而后有此定论。朱子生平学力之浅深可见，而"中和"为圣学之本，亦明矣。——《中和说》

【注释】

①周子：指周敦颐（1017—1073）。北宋哲学家，学术界公认的理学派开山鼻祖。

②程子：指程颐（1033—1107）、程颢（1032—1085）。都曾就学于周敦颐，并同为宋明理学的奠基者，被世人称为"二程"，是北宋理学家和教育家。

③龟山：杨时（1044—1130），字中立，号龟山。北宋学者、官吏。

④罗仲素：罗从彦（1072—1135），字仲素，号豫章先生。早年师从吴仪，以穷经为学，宋代理学家。

⑤李延平：李侗（1093—1163），字愿中，称延平先生。南宋学者，为程颐的二传弟子，年轻时拜杨时、罗从彦为师。朱熹曾从游其门，并将其语录编为《延平答问》。

⑥朱子：朱熹（1130—1200），字元晦，又字仲晦，号晦庵，晚称晦翁，谥文，世称朱文公，又尊称为朱子。宋朝理学家、思想家、哲学家、教育家、诗人，闽学派的代表人物，儒学集大成者。

⑦恶：厌恶。

【翻译】

周敦颐开创主静立极的学说，并传给了程颢兄弟，龟山先生因为传播学说而回到南方，经常教导人端正自己的内心，须从喜、怒、哀、乐等情绪还没有产生的时候，体会处于中正状态时的感觉，在这些情绪产生之后要得到和谐的状态。罗仲素传承杨龟山的学说，也认为《中庸》所说的进取退守的缘由，必产生于未发生进取退守时的中正状态，以至于使他混同了事物的明确界限，仁爱之心诚挚深厚，思虑像潭水一样幽深，美德像苍天那样广阔。他因此教导李延平、朱韦齐两人，让他们在虚静中体察喜、怒、哀、乐未产生时的情状。李延平经常整日端坐体验那种情绪未产生的情状。因此李延平教朱熹也把这些话作为《中庸》的宗旨。

大概朱熹讲道理时最讨厌笼统抽象，又参考了程颢兄弟"主静"的学说，认为"主静"片面，不再理会它。等到晚年非常后悔在学问上用功太过粗疏，而相信李延平所确立的教义没有弊病。也是经过一番思想的转化和验证，最后才把"静"的学说作为定论。朱熹平生学识水平的深浅我们可以看到，而"中和"思想为圣贤之学的根本，也是很明晰的。

【解读】

康有为认为，"中和"的矛盾调和是"大道之本"。"主静"，是要端正自己的内心，在喜、怒、哀、乐等情绪还没有产生的时候，体会处于中正状态的感觉，控制情绪，调和矛盾，达到"中和"。当社会矛盾被消解之时，就是"大同"社会实现之日。这种思想，在当时社会矛盾尖锐，阶级斗争激烈的历史条件下，只能是一种幻想。但他继承中国传统"和合"思想，提出的修养方法，一些方面对当代社会人民调和内心情绪，增强仁爱意识，实现身心和谐，实现人际和谐和社会和谐有意义和价值。

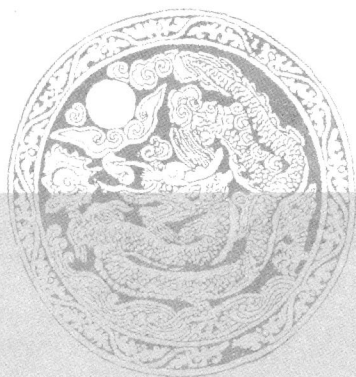

「和合」故事

一、舜孝敬父母、友爱兄弟

传说黄帝以后，先后出了三个很出名的部落联盟首领，名叫尧、舜和禹。他们原来都是一个部落的首领，后来被推选为部落联盟的首领。

那时候，做部落联盟首领的，遇到什么大事，都要找各部落首领一起商量。尧年纪渐老，想找一个继承他位置的人。有一次，他召集四方部落首领来商议。尧说出他的打算后，有个名叫放齐的说："你的儿子丹朱是个开明的人，继承你的位子很合适。"尧严肃地说："不行，这小子品德不好，专爱跟人争吵。"另一个叫欢兜的说："管水利的共工，工作倒做得挺不错。"尧摇摇头说："共工能说会道，表里不一。用他我不放心。"这次讨论无果而终，尧继续物色他的继承人。

这一次，他又把四方部落首领找来商量，要大家推荐。有人推荐舜，尧点点头说："哦！我也听到这个人挺好。你们把他的事迹详细说说。"

1.出身

相传舜的父亲是个盲人，人们叫他瞽叟，母亲很早就去世。母亲去世后，他的父亲续娶，继母生下一弟，名叫象。舜生活在"父顽、母嚚、象傲"的家庭环境里，父亲对继母的话言听计从。继母两面三刀，经常在背地里向父亲说舜不敬不孝。弟弟桀骜不驯，受其父母的影响，总是看舜不顺眼，还时时向他挑衅。舜从小受父亲瞽叟、后母和后母所生之子象的迫害，屡经磨难，但是仍然与他们和善相对，孝敬父母，爱护异母弟弟象，故深得百姓赞誉。

2. 家境

舜家境清贫，故从事各种体力劳动，经历坎坷。他在历山（今地不详，一说即今永济境内的中条山的一段）耕耘种植，在雷泽（旧说即山东济阴境内的古雷夏泽）打鱼，在黄河之滨制作陶器，在寿丘（今地不详）制作家用器物，还到负夏（今地不详）做过小本生意，总之生计艰难，颠沛流离，为养家糊口而到处奔波。

3. 闻名于世

相传舜在20岁的时候，名气就很大了，他是以孝行而闻名的。因为能对虐待、迫害他的父母坚守孝道，故在青年时代即为人称扬。那时正值尧向四岳（四方诸侯之长）征询继任人选，四岳就推荐了舜。尧决定把自己的两个女儿娥皇、女英嫁给舜以考察他的品行和能力。舜不但使二女与全家和睦相处，而且在各方面都表现出卓越的才干和高尚的人格。"舜耕历山，历山之人皆让畔；渔雷泽，雷泽上人皆让居"，只要是他劳作的地方，便兴起礼让的风尚；"陶河滨，河滨器皆不苦窳"，制作陶器，也能带动周围的人认真从事，精益求精，杜绝粗制滥造的现象。他到了哪里，人们都愿意追随，因而"一年而所居成聚（聚即村落），二年成邑，三年成都（四县为都）"。尧得知这些情况很高兴，赐予舜缔衣（细葛布衣）、琴和牛羊，还为他修筑了仓房。

4.孝行一生

舜得到了这些赏赐，瞽叟、后母和象很是眼热，他们又想杀掉舜霸占这些财物。

有一回，瞽叟叫舜修补粮仓的顶，他想趁舜爬上仓顶然后放火烧死舜。当舜爬到仓顶时看见下面烟雾缭绕，火光熊熊。这时他马上想到梯子，可是梯子已经不知去向。幸好他随身带着两顶遮太阳用的笠帽，他急中生智，双手拿着笠帽，像鸟张开翅膀一样跳下来。笠帽随风飘荡，舜轻轻地落在地上，一点也没受伤。但瞽叟和象并不甘心，这一次他们又设一计，叫舜去淘井。舜心里明白他的父亲和弟弟肯定会再来加害于他。于是，他和两个妻子商量，怎样才能幸免于难又不动干戈，最后想到，在井下挖一孔道，可以防患于未然。这一天，舜去淘井，刚下到井里，瞽叟和象就在地面上开始往井里填土，想把井填没，把舜活活埋在里面。没想到的是舜下井后，从井边的孔道钻了出来，又安全地回家了。事后象不知道舜早已脱险，得意扬扬地回到家里，跟瞽叟说："这一回哥哥必死无疑，这个妙计是我想出来的。现在我们可以把哥哥的财产分一分了。"说完，他向舜住的屋子走去，哪知道，他一进屋子，舜正坐在床边优雅地弹着琴。象心里暗暗吃惊，很不好意思地说："哎，我多么想念哥哥您呀！"舜也装作若无其事，轻松地说："你来得正好，我的事情多，正需要你帮助我来料理呢。" 以后，舜还是像过去一样和和气气对待他的父母和弟弟，瞽叟和象也不敢再暗害舜了。

舜在家人三番五次想要加害他的时候，都能及时躲避化解，待

有好转，又马上回到他们身边，尽可能地孝敬父母帮助兄弟，所谓
"欲杀，不可得；即求，尝（常）在侧"。身世如此悲惨不幸，生
活如此清贫艰难，父母兄弟如此残忍无情，舜却能表现出如此非凡
的品德，不计父兄继母之仇，处理好家庭关系，这是他在传说故事
中独具特色的一个方面。同时也表现出中华传统文化的和合思想，
对父母百般容忍，万般爱护，对兄弟百般忍让、呵护，与邻里和睦
友爱。也正是他这种宽容友爱仁人的思想品德造就了他辉煌的一
生，使其成为一代贤君明主。

二、管仲和鲍叔牙

管仲和鲍叔牙都是春秋时期的齐国人，也都是赫赫有名的政治
家，辅佐齐桓公成就了一番霸业。他们在年轻的时候便相识了，一
起经历了诸多的风风雨雨，结下了深厚的友谊。后来人们将两人的
友谊称为"管鲍之交"，管仲更用"生我者父母，知我者鲍子也"
来描述了他们的千古友谊。

1.管鲍分金

管仲在父亲去世后，与年迈的母亲相依为命。父亲的离世，使
家中经济变得捉襟见肘，管仲不得不开始谋生，挑起奉养母亲的重
担。于是，他开始与鲍叔牙合伙经商。每做一笔生意，都是他投资
的成本少，鲍叔牙投资的多，而且他经常拿赚得的钱去还私款。在

年底分利润的时候，管仲总是分给自己的多，给鲍叔牙分的少。鲍叔牙身边的仆人十分恼怒，认为这对自己的主人不公平，认为管仲是一个贪得无厌之人。可是鲍叔牙却从不计较，并对身边的人说："我知道管仲并不是爱占便宜、耍小聪明的人，他只是家境贫寒，需要钱财照顾奉养他的老母亲，何况多拿一点也没关系，只要能帮助他，我就心满意足了，你们以后再不要提这件事儿了。"

2.一起从军

后来管仲和鲍叔牙一起从军。有一次，齐国和邻国展开了一场大战，两国的军队互相厮杀，管仲和鲍叔牙也是军队中的一员。每次进攻，鲍叔牙都冲锋在前，管仲躲在鲍叔牙的身后，跑得很慢；每次退兵的时候，管仲飞快地跑在鲍叔牙的前面。一起打仗的人嘲笑管仲贪生怕死，领兵的要杀管仲以起到杀一儆百的作用。关键时刻，鲍叔牙站出来为管仲辩解道："将军，管仲是我的好朋友，他是我最了解的人。他并不是贪生怕死之辈，他渴望在战场上酣畅淋漓地斩杀敌人，可是他家中有年迈体弱的老母亲需要照顾，作为独子的他不能为了自己的意志而不为母亲尽孝道，他绝不会让母亲遭受无人养老送终的窘境。"管仲听了鲍叔牙的话，十分感动，热泪盈眶，他哭着说："生我养我的是父母，可是真正了解我管仲的只有鲍叔牙啊。"时过两年，朝不保夕的老母亲因病去世，管仲从此无牵无挂，一心一意踏踏实实地为齐国效命，在战场上冲锋陷阵比任何人都勇敢，引起了将军的重视，很快得到了提拔重用。

3.各为其主

后来，齐国发生内乱，管仲带着公子纠逃到鲁国，鲍叔牙带着公子小白逃到了莒国。两位公子逃到别国目的是养精蓄锐，等待时机夺取齐国政权。后来，齐襄王被大臣杀死，两位公子认为时机成熟，便开始了夺取王位的争斗。显而易见，管仲和鲍叔牙在不同的阵营里，他们竭尽全力帮助各自的主子达到目的。在公子小白回齐国的路上，管仲带了一队人马阻拦，以便让公子纠先入为主，取得王位。鲍叔牙识破了管仲的心思，只管护送公子小白前往齐国。管仲见阻拦无效便拿起手中弓箭射向公子小白。可惜，世事难料，小白竟然诈死。管仲的箭射到了小白的衣服带钩上，人未伤一分一毫。但小白知管仲箭术高超，如果连射一箭自己必死无疑，他就大呼一声倒在车上，佯装已死骗过管仲。管仲走后，鲍叔牙得知小白佯死，大喜，命人带小白从小路快马加鞭回到了齐国，小白顺利登上王位，即齐桓公。管仲焉知小白没死，慢悠悠地护送纠去齐国，到齐国和鲁国边境时一位齐国使者拦住去路，要处死公子纠，将管仲押往齐国。管仲知大势已去，便杀了使者带着公子纠逃回鲁国。齐桓公如何能容得下对他的王位构成威胁的人存在，齐国和鲁国的一场厮杀在所难免。最终鲁国战败公子纠被处死，管仲被捕入狱。齐桓公坐稳王位，鲍叔牙功不可没。因此他欲拜鲍叔牙为相，可是鲍叔牙坚决地拒绝了。他说："从前我为您做的事情，那全部是由于我对君王您的忠心拼尽全力实现的。今夕不同往日，您将如此重要的职务交由我担任，我恐怕不能胜任啊，不能更好地为齐国谋实事，办好事。我建议您重用一位比我睿智，比我有才能的人担此重任，这样才能更好地辅佐您成就一番霸业。"齐桓公说："举朝之中谁比你更有资格担任国相一职呢？没有比你更出色的贤才啊。"

鲍叔牙说："我为您举荐一人，保您霸业可成。"齐桓公迫不及待地问："此人是谁，竟有如此能耐？"鲍叔牙便说："这个人就是我的老朋友——管仲。"齐桓公恼怒地说："我还未报一箭之仇，怎能拜他为相，我恨不得杀了他。"鲍叔牙恳切地解释道："管仲用箭射杀您，各为其主，谁不为自己的主人筹谋打算，这正显示了他对主人的忠与义。如果您重用他，他一定会像忠于公子纠一样忠于您，这样不仅管仲能施展自己的才华，而且您能成就一番霸业，何乐而不为？"齐桓公不计前嫌拜管仲为相，管仲感激老朋友的救命之恩和举荐之情，决定竭尽全力报效齐桓公，实行改革，发展经济，终助齐桓公成为春秋霸主，成就春秋霸业。管仲用行动证明了自己的雄才大略，完美地报答了鲍叔牙的举荐之情。

管仲和鲍叔牙的友谊体现了一种以道义相砥砺的交往之道，即同道相知。二人相知相惜，不带有普通人交友的世俗之气。两人都是学富五车、才高八斗之人，但彼此之间只有欣赏，没有嫉妒；只有互帮互助，没有落井下石；只有惺惺相惜，没有孙膑庞涓般的你死我活。当下社会需要这么一股清流来洗涤我们交友时对利弊的过分权衡。无论处在哪个年龄段，都该用一种正确的心态来对待友谊，对待知己。我们应学习管仲和鲍叔牙之间的互相欣赏，互相帮助；学习鲍叔牙以大义为先，即使牺牲自己的利益也心甘情愿。如果没有鲍叔牙心甘情愿地退居二线，哪有管仲的国相之职，齐桓公的春秋霸业也不知是否可成呢。所以，不论在学校还是步入职场，都该虚心向周围的同学、同事学习，营造良好的交友氛围，切忌心怀忌妒，破坏友谊。

三、魏庄子以德绥戎

魏绛，谥号庄，故史称魏庄子，是春秋时期晋国著名的卿大夫。魏绛本来不姓魏，因其先祖伐纣有功，周武王将其封到毕，于是以毕为姓。到晋献公时，其祖先又因在攻打霍、耿、魏等国的战役中英勇杀敌，功不可没，被封到魏，于是又以魏为姓。晋文公时，魏绛的父亲将封地迁到了霍，也就是现在的山西霍州一带，文武双全的魏绛就出生在这片土地上。

魏绛不仅颇具军事才能，而且具有政治远见，是难得一见的文武全才。他一生中最大的贡献在于提出和实施了史无前例的"和戎"政策。

无终国的国王嘉父派遣孟乐到晋国，还让他带来许多精美的虎豹毛皮，想让孟乐凭借与魏绛的关系贡送给晋国，以此来请求晋国同戎族建立和睦友好的关系。晋悼公说："戎狄没有亲近的国家作为后盾而且又十分贪婪，我们不如发兵征伐他们，将之一网打尽，以绝后患。"魏绛说："晋国目前的形势不宜征战，诸侯归服晋国不久，陈国又是最近才与我们建立同盟的，他们都关注着我们的一举一动。如果我们用仁德对待他们，那么诸侯各国必会一心一意地亲近我们；不然，就会背离晋国。如果发兵进攻戎狄等各族，楚国会趁机攻打陈国，我们鞭长莫及，对陈国不能实施救援，这就等于抛弃了陈国，背弃了同盟，中原各国必然要背离我们。我们何不建立平等和睦关系，既得到了戎族的归顺又得到了中原各国的亲近，两全其美，何乐而不为？"

晋悼公说："难道我们要与戎族讲和吗？"魏绛沉着地答道："同戎族议和，对我们而言有五方面的利益：第一，戎狄等族逐水草而居，十分看重财物而轻视土地，我们却恰恰相反非常重视土地，我们可以利用这一特点，购买他们的土地拓展疆域；第二，与戎狄建立和睦关系后边境地区的百姓便不再害怕战争侵害，安心地进行农业生产，这样管理边鄙农田的人就能成功地完成任务；第三，戎族等都服从晋国，震动周边的国家，他们便不敢小觑晋国的实力，使我们像北极星一样吸引震慑他们，这对争霸具有极为重要的作用；第四，用仁德来维持和睦友好局面，士兵得以休息，军事物资得以保存，这样晋国就能休养生息，保存并增强国力；第五，借鉴后羿贪武丧国的历史经验，以仁德安抚戎狄等族的政治策略，才能构建永久的安宁和睦局面。总而言之，和戎避免了将两方人民陷于水深火热之中，又能拓展疆域，从事农业生产，发展经济，增强国家实力，利大于弊，请国君仔细衡量啊！"

晋悼公甚是高兴，让魏绛同戎狄等族签订盟约。魏绛不负使命，他亲自去实施和戎策略，使戎狄等族归服晋国，成功地完成了和戎大计。魏绛回到晋国之后，献上了戎狄等族的降表和财物，晋悼公十分高兴，给魏绛记了首功。"和戎"政策的成功实施成为了悼公恢复霸业征途上具有战略性的一步。

魏绛以他的雄才大略在晋悼公恢复霸业的事业中功不可没。

晋悼公夸赞魏绛说："自吾用魏绛，九合诸侯，合戎狄，魏子之力也。"并赏赐他封地和财物。然而对于悼公的赞赏和恩赐，魏绛谦虚地说："和戎狄'国之福也'，合诸侯'君之灵也'。"他不贪功，不傲慢，认为自己顺利完成和戎大业是国家的福气，是众大臣齐心协力的结果，个人怎么能将这些功劳据为己有呢？他不愿意接受，但君王执意不肯，他不得不多次拜谢，才接受了赏赐。

魏绛"和戎"策略的成功实施，不仅为晋国营造了安宁和睦的周边环境，而且使晋国拓展了疆域，增强了国力。更具有长远意义的是它开汉族团结少数民族的先河，尤其在"和戎"过程中追求民族平等、团结、和睦的思想。"以德绥戎"的思想体现了儒家以德治国的政治理念，使晋国呈现出一派"为政以德，譬如北辰，居其所而众星拱之"的大好局面。

习近平总书记说，一个不记得来路的民族，是没有出路的民族。如今，我国在以壮士断腕、凤凰涅槃的决心实现国家富强、民族振兴、人民幸福的中国梦的过程中，不能数典忘祖，历史是最好的教科书，应以历史为鉴。民族问题没有小问题，我们在处理民族事务的时候，不仅要时刻坚持平等的原则，还需真心实意帮助他们发展经济，选拔、培养优秀的民族干部，尊重少数民族的宗教信仰。中国的发展永远在路上，我们在实践中必须坚持建立平等、团结、互助、和谐的民族关系，凝聚全国人民的力量早日实现"两个一百年"的奋斗目标和中华民族伟大复兴的中国梦。

四、俞伯牙和钟子期

音乐在中华上下五千年历史文化中扮演着重要的角色，说到音乐就必须要提《高山流水》，它是中国十大古曲之一。此曲悠扬清婉，使人仿佛置身于俊朗高山、幽幽清风、澄澈流水之中。此曲也见证了伯牙和子期的"知音"友谊，他们也成为了中国千百年来的至交典范。

俞伯牙，春秋时期楚国郢都人，伯牙最擅长弹琴，从小就对音乐有极高的天赋，造诣极深。荀子曾对伯牙评价道"伯牙鼓琴而六马仰秣"，足以见得伯牙高超的弹琴技艺。钟子期虽是一介樵夫，但是他对音律却十分精通，因此才有了"高山流水遇知音"的千古佳话。

1.高山流水遇知音

伯牙善古琴，子期擅长听音辨意。伯牙从小就对音律有极高的天赋，他拜师名门，刻苦学习最终成为一代杰出的琴师，但是没有人能懂他，没有人能懂他的音乐。一天伯牙行至山涧，晚上的江面风平浪静，伯牙兴致大发，携琴而弹，突然琴弦震颤，这是琴师的心灵感应，说明有人在附近听琴，果然看到一个樵夫状的男子，他就是子期。伯牙与子期一见如故，伯牙邀请子期上船详谈，子期一见伯牙的琴便说："这是瑶琴，相传是伏羲造的。"接着，子期又把瑶琴的来历说了出来，伯牙心中暗暗佩服。伯牙又为子期弹奏，子期聚精会神聆听。伯牙弹奏一曲《高山》，子期感叹道："善哉，峨峨乎若泰山（多么巍峨的高山啊）！"伯牙又弹奏一曲《流水》，子期又叹道："善哉，洋洋乎若流水（多么浩荡的江水啊）！"听到子期的评价伯牙既激动又佩服，终于有人能听懂他的琴声了，至此伯牙与子期惺惺相惜，成为生死之交，并相约第二年中秋在此江边，伯牙抚琴，子期赏琴。

2.知音再难觅，伯牙终绝弦

第二年中秋，伯牙如约而至，但是子期迟迟没有出现。伯牙用琴声召唤子期，子期依旧没有出现，伯牙失落而归。第二天，伯牙向一位老人打听子期的下落，才得知子期已不幸染病去世。临终前子期留下遗言，让后人将他埋葬于江边，到中秋之时，他就能听到伯牙的琴声。知道实情，伯牙悲痛万分，他来到子期的墓前，弹奏了《高山流水》。弹罢，他挑断了琴弦，长叹一声，把心爱的瑶琴在子期的墓前砸毁。伯牙悲叹道："此曲终兮不复弹，三尺瑶琴为君死。"伯牙认为只有钟子期才能听懂他的音乐，如今，子期已逝，就再没有人能懂他了。这就是俞伯牙和钟子期的知音故事，伯牙痛心疾首怀念知音，人们因他们的故事感叹知音难觅。

伯牙子期的故事荡气回肠、耐人寻味。人生苦短，得一知音而无憾。人的一生会遇到许多形形色色的人，然而能遇到惺惺相惜的人是人生一大幸事。真正的友谊是建立在相互理解、相知相惜的基础之上的。"伯牙绝弦"是结交知音的千古佳话和楷模。伯牙将自己的感情融入琴声之中，用琴声表达了他像高山一样的伟岸情怀，像流水一样的深邃智慧，而钟子期的情操与智慧与他产生了共鸣。

在当下的生活中，友谊似乎变得"吹弹可破"，在网络上网友戏说友谊就好比一艘小船，说翻就翻。"钟期既遇，奏流水以何惭"，其实友谊从古至今本质上都没有变，只要我们在生活中坚守本心，从心出发，用真心对待每一个人、每一件事，友谊之树就会长青。

五、李冰治水

都江堰，坐落在四川省都江堰市城西，是战国时期蜀郡太守李冰主持修建并沿用至今的水利工程。它是中国古代水利工程技术方面的创举，是古人利用自然规律、发挥卓越智慧、造福人民的硕果，是一项利用厚生的经典之作。

1.修建背景

成都平原享有天府之国的盛誉，但在古代却是一个自然灾害频发的地方，尤其是水旱灾害时时威胁着当地百姓的生命和财产安全。水旱灾害主要是由于水流量较大的岷江和当地的恶劣地形引起的。岷江洪水泛滥时，成都平原好似一片汪洋大海；遇到旱灾时，又是良田变赤地，颗粒无收。受岷江水患的侵扰，当地百姓不能安居乐业，成为古代蜀国生存发展的老大难问题。李白在他的著名诗歌《蜀道难》中有"蚕丛及鱼凫，开国何茫然""连峰去天不盈尺，枯松倒挂倚绝壁""飞湍瀑流争喧豗，砯崖转石万壑雷"等句子，真实地描写了蜀地恶劣的自然条件。即使是蜀地的两代君王蚕丛和鱼凫也无力改变当时的状况，使得开国的希望变得无比渺茫。因为自然条件恶劣，当地人民生活在水深火热之中，且秦惠文王时已认识到巴、蜀地带对打败楚国具有军事性的战略意义，即"得蜀则得楚，楚亡则天下并矣"，所以到秦孝文王时，任命李冰为蜀地郡守，改善当地的自然环境，造福当地百姓。

2.修建过程

李冰是一位上知天文、下知地理的贤能之人，他走马上任到达蜀地后，下定决心根治岷江水患，发展蜀地农业，造福当地人民，以便为秦国创造统一中国的大业提供经济支持。他把汶山称为"天彭门"，到了湔氐县（在今松潘北），看见那里的两山坐落如阙，于是便把那两座山叫作"天彭阙"。李冰凭借自身的卓越智慧，在岷江之上修建了分水的堤坝，称之为"堋"，其实这就是举世闻名造福成都平原的都江堰。利用堤坝分水，一部分为郫江，另一部分为检江，两条河流都流经成都，且可行船。岷山主要产梓、柏和大竹，农民将它们伐倒，扔到江中，让它们顺流而下，在下游将之收集起来，省时省力。利用河流，顺势而为，不仅为当地人民解决了诸多麻烦，而且又保障了他们的生命安全。岷江之水也可以灌溉蜀、广汉和犍为三个郡，人们积极地开垦农田，种植水稻。于是，蜀地沃野千里，被称为"陆海"。每当少雨干旱之时，便引江水灌溉农田，浸润庄稼，使其生机勃勃地生长；每当遇多雨之时，便堵塞水门，防止淹没稻田。因此《华阳国志》里记载："水旱从人，不知饥馑，时无荒年，天下谓之天府也。"

为了防止传说中的水怪作乱，李冰命人凿制了五头庞大的石犀牛来抑制。又修了一条连通郫江和检江的石犀渠，水渠经过的地方被称为犀牛里。后来有两头石犀牛被移出了，一头安置在府市的市桥门，另一头则沉入郫江中。

岷江以西的河流叫外江，是岷江主流，主要用于排洪；岷江以东沿着山脚的河流叫内江，是"水旱从人"的引水渠道，主要用于灌溉农田。李冰又令人雕刻了三个石人，置于河流中，且与江神约定：即使江水水位低时，也不能露出石人的脚；江水水位高时，也不能没过石人的肩膀。其实置石人于江中是为了观测和控制内江水量，方便当地人们未雨绸缪。

青衣县（今芦山县）有一条发源于蒙山的河流沫水，穿越洞穴峡谷，在南安县与岷江汇合。在两江的汇流之处，有一溷崖（在今四川夹江境内）突兀在江心，水流湍急，江水浩浩荡荡，击打山崖，旋涡四起，船只行至此处，特别容易撞击到山崖上，甚至造成船只颠覆的惨状，世世代代侵害人民。李冰欲带领众人凿平并整治山崖，但当时李冰等众人没有现代社会的爆破技术，便采取了放火烧山的办法，大大加速了凿崖的进程，最终功夫不负有心人，成功地凿平了山崖，使江水转向正道，水流才变得和缓，结束了"漂疾，破害舟船，历代患之"的悲惨局面。传说李冰在凿平整治山崖时，得罪了水神，水神勃然大怒，处处作怪阻止凿崖。李冰毫不畏惧，操刀入水，与水神展开搏斗，最终杀死水神，江水才变得平缓，人们至今受益、蒙福。

李冰率领众人修建的都江堰水利工程充分利用了当地的自然条件，根据西北高、东南低的地势，因势利导，建成人工引水渠，灌溉土地，又使堤坝高效地发挥了分水、泄洪、排沙的作用，保障了当地人民的基本生活。时至今日，它不仅在成都平原发挥着防洪、灌溉、水运、发电的强大作用，更成为全国水力发电站，减轻全国的用电压力，造福全国人民。

都江堰水利工程是与自然融合的伟大奇迹，是因势利导、因地制宜、因时制宜的"天人合一"之作。在今天建设中国特色社会主义的道路上，我们必须注重人与自然的和谐相处，不能为了追求经济的飞速发展，就破坏自然，凌驾于自然之上。习近平总书记说：绿水青山就是金山银山。我们要牢牢坚持"五位一体"的发展战略，尊重自然、敬畏自然，利用自然规律办事，建设我们天蓝、水绿的美好家园，珍惜自然的馈赠，与自然合二为一，才是永恒的发展之道。

六、廉颇和蔺相如

廉颇，是赵国身经百战的大将军。赵惠文王十六年，任命廉颇为将军，使其带兵攻打齐国，齐国大败，攻占阳晋，拜为上卿。从此廉颇以他的骁勇善战而闻名于诸侯各国。蔺相如，赵国人，是赵国宦官缪贤的门客。

渑池相会结束后，赵王一行顺利回到赵国。赵王认为蔺相如让赵国不受辱，功不可没，于是任命他做上卿，且位在廉颇之上。廉颇不服气地说："我廉颇具有攻城野战的大功，每场战役以命相搏，而蔺相如只不过是逞口舌之能立了一点功，职位却比我高！"到处扬言说："只要我廉颇碰到蔺相如，定要羞辱他。"这些话传到了蔺相如的耳朵里，他不肯与廉颇会面，即使是朝会，他也以身体不适为借口不去上朝，不愿意和廉颇弄得不愉快。有一次，蔺相如出门，远远地看见了廉颇，欲调转车子躲开他。门客疑惑地说："我们告别亲人投到您的门下，不过是因为钦佩您的高风亮节。现在您与廉颇同朝为官，且职位在他之上，廉颇将军扬言要侮辱您，您竟然十分畏惧他，不敢与之见面，怕得有点不可理解。况且平民百姓遇到如此情况，都会羞愧难当，更何况是将军和国相呢？我们实在无法忍受，就让我们告辞离开您吧！"蔺相如挽留他们说："你们认为廉颇将军和秦王相比哪个厉害？"门客说："毋庸置疑，肯定是秦王厉害。"蔺相如又说："秦王那样高高在上，我都敢在朝廷上呵斥秦王，嘲讽他的臣子，我会害怕廉将军吗？我之所以要避开他，是不想一国的将相不和，给他国可乘之机。鹬蚌相争渔人得利，国家利益大于个人荣誉啊。"廉颇知道了这些话后，脱下上衣，背着荆条，亲自给蔺相如请罪，说："我这个粗鄙的人竟然不知道您宽容谦让我到这个程度啊！"从此蔺相如和廉颇和好如初，成为生死与共的好朋友。

廉颇和蔺相如的故事传为美谈，在当代它给予我们无限启发：

无论何时何地，都要以大局为重，以国家利益为重，切不能因个人恩怨弃国家与人民不顾。做人要有高尚的品德、宽阔的胸怀。谦逊退让，是一种胸怀；知错就改，更是一种难能可贵的品质。在这个物欲横流的社会，人与人之间的相处应秉持"忍一时风平浪静，退一步海阔天空"的原则，齐心协力构建和谐的大同社会。

七、张骞开"丝路"

张骞（前164—前114），字子文，汉中城固人（今陕西城固县）。汉朝外交家、旅行家、探险家。在他的家乡博望镇，有以张骞墓为主题修建的张骞纪念馆，记录了张骞两次出使西域的英雄壮举与历史功勋。他被誉为"第一个睁开眼睛看世界的人"。

1.出使西域

西汉时期汉朝面临着北方游牧民族的威胁。经过60余年的休养生息，汉朝经济得到了很大的恢复，国力增强。汉武帝雄才伟略，想要攻打匈奴。正好从一个投降汉朝的匈奴人口中得知，匈奴攻打大月氏并将其首领的头当作酒器，因此大月氏十分痛恨匈奴，却苦于自身力量薄弱，无法复仇恢复故土。汉武帝得到这一消息后便欲联合大月氏夹击匈奴。时势造英雄，汉武帝招募人才。公元前139年，张骞以郎官的身份被派往大月氏。他率领一百余人，由堂邑氏的奴仆堂邑父充当向导和翻译，从陇西（今甘肃临洮）出发，在途经河西走廊时被匈奴截获。匈奴知道张骞的目的之后是不可能同意他去大月氏的，于是将张骞软禁了起来，为他娶妻，对他威逼利诱，张骞仍然不忘使命，持汉节而不失。

在匈奴一直被软禁十余年之后，张骞才找到逃走的机会。他带领他所有的部下向大月氏逃跑，穿过飞沙走石的戈壁，翻过葱岭（今帕米尔高原），路途艰辛，人烟稀少，只能靠飞禽走兽来饮血止渴，经过数十日他们到了大宛（今费尔干纳盆地）。大宛国王早已听闻东方汉朝非常富庶，只是害怕匈奴而无法与汉朝建立往来，对于汉朝使者的到来感到非常高兴，对张骞热情款待并为他们介绍了大宛的汗血宝马，并派人把他们送到康居（今乌兹别克斯坦和塔吉克斯坦境内）。康居王又派人用专车将他们送到大月氏。然而当时大月氏的国内环境已发生很大的改变，他们新的国土土地肥沃，物产丰富，生活环境优越，且距离乌孙和匈奴较远，被外敌侵扰的可能性很小，所以大月氏已经不愿意再攻打匈奴了。张骞在大月氏待了一年多，未能成功说服大月氏与汉联盟，但他在此期间还到了大夏的蓝氏城（今阿富汗的汗瓦齐拉巴德）。前128年，张骞启程回汉朝，在途中再次被匈奴抓获，又被扣留了一年多。前126年，张骞趁匈奴内乱，带着自己的匈奴妻子和堂邑父逃回长安。

2.丝路使者

张骞第一次出使西域历经千辛万苦，公元前139年出发，前126年回到长安，历时13年，人数由出发时的百余人到返回时仅剩张骞和堂邑父二人。虽然张骞未能成功说服大月氏攻打匈奴，但是张骞对西域进行了实地的调查研究，他到过新疆几个小国和中亚的大宛、大夏、康居等国家，并且了解了与这些国家相近或有联系的一些国家的情况，比如乌孙（位于巴尔喀什湖东南和伊犁河流域）、身毒（今印度）等。回到长安后，张骞将这些国家或地区的地理位置、风土人情、人口、国力等做了翔实的汇报，记载在《西域记》中。这些西域的情况对汉朝在以后同其他国家的经济、政治、军事活动中起到了积极的促进作用，产生了深刻的影响。朝廷授予张骞太中大夫的官职，堂邑父成了奉使君。

汉武帝为了在四海之内遍布威望，采用了施以恩泽赠送财物的方法使各国归附汉朝。他采纳了张骞的意见，由张骞派四支队伍沿四条线路出发探索西南。可惜的是，丝路使者并没有顺利前行而先后返回。这次路线的探索虽然没有达到预期的目的，但促进了对西南地区的开发。当时派出的使者已经到达滇国，因为战士们坐着大象打仗，又叫"乘象国"。滇国国王在与汉使者见面时，竟然好奇地问"汉朝与我们滇国哪一个比较大呢？"在到了夜郎国时，夜郎国王问了相同的问题，这也是成语"夜郎自大"的由来。汉使者在出使各国的时候介绍了汉朝的经济发展水平、国土面积等，各国对汉朝有了更深入的了解，真正认识到了汉朝的强大，汉朝从此也加强了与滇国和夜郎国等国家的交往。

3.再次出使西域

公元前119年，汉王朝基于军事战略的考虑，打算联合乌孙攻打匈奴，断其右臂，授予张骞中郎将的官职，再次派遣张骞出使西域。这次张骞率领三百余人，带着珍贵的丝绸，大量金银礼品顺利地到达了乌孙，并在途中派遣持节副使访问康居、大宛、大夏、安息（伊朗）、身毒等国家，但是张骞并未得到乌孙明确的答复。张骞在回到长安一年后去世。又过了一年，他派遣出去的持节副使几乎都和出使各国的使者一起回到汉朝，从这时起，西域各国同汉朝开始交往。因为张骞开辟了通往西域的道路，西域各国很信任他，在使者去往各国时，都会提到博望侯张骞来取得信任。

张骞两次出使西域，不畏艰险，不辱使命，虽然最初是由于军事目的，但是它产生的深远影响远超于此。从汉朝的敦煌出玉门关，通过新疆连接中亚、西亚的横贯东西的道路，便是举世闻名的丝绸之路。丝绸之路连接了西汉与中亚的许多国家，促进了经济文化的广泛交流，西域的核桃、葡萄、石榴等十几种植物在中原种植，胡琴等乐器和龟兹的乐曲丰富了汉人的文化活动，汗血宝马受到众人追捧。汉朝使臣也将丝绸和铁骑铸造等技艺在所到之处传播，对人类文明的进步做出了不可磨灭的贡献。

八、昭君出塞

王昭君（约前52—约前15），名嫱，字昭君，西汉南郡秭归人（今天湖北省兴山县人），是汉元帝时期的一名宫女。昭君出塞是我们今天耳熟能详的故事，她是美丽的和平天使。

1.单于求亲

汉元帝时，王昭君被选入宫中成为宫女。匈奴是位于汉朝北方的一个强悍的游牧民族，汉宣帝时匈奴发生内乱，5个单于在权势面前互不相让，攻打不休，直至形成郅支单于与呼韩邪单于对峙的局面。公元前54年，呼韩邪单于被他的哥哥郅支单于打败，南迁到长城外的光禄塞下。他逃到汉朝，由于他是第一个来汉觐见的单于，汉宣帝非常高兴，亲自迎接他还举办了盛大的欢迎宴会。后来汉朝帮助呼韩邪单于打败了他的哥哥，让他重新掌握匈奴大权。公元前33年，呼韩邪单于来到长安朝见，与汉约定互不进攻和背叛，并向汉请求和亲。汉元帝为了增进与匈奴的感情，将年号建昭改为"竟宁"，寓意长久安宁。

2.昭君和亲

这其中还有一个民间传说，当呼韩邪单于求娶的消息传到宫女中时，虽然赏赐多、嫁妆丰厚，但仍然没有人愿意去。一入宫门深似海，深宫中的孤寂与权谋虽然让人害怕，但是比到一个完全陌生的国度举目无亲来说好太多了，更不用说那里的环境恶劣，胡风浩浩。就在管事大臣犯难之际，一个美丽又有见地的女子表示她愿意去和亲，这个女子便是王昭君。汉元帝为昭君和呼韩邪单于在长安举办了婚礼，单于见昭君貌美无双，非常高兴。在昭君临行前告别皇帝的时候，皇帝才发现她有着沉鱼落雁的美貌，优雅大方，心中惋惜不已，但是木已成舟不能反悔。当时皇帝为何不知道自己皇宫之中有昭君这样的美人？因为据说当时后宫的女子众多，皇帝就让毛延寿等画家为那些女子画像，皇帝看画像召见宠幸，见昭君的画像很丑，便将昭君定为和亲的人选。事后皇帝责问画家毛延寿才知道，毛延寿贪婪成性，只有宫女们给他送礼，他才会把她们画得美。而宫女为了得到皇帝召见，往往倾囊相赠。昭君身有傲骨，不屑于毛延寿这种贪婪勒索的行为，并未给他行贿。

昭君在告别故土时心中满是不舍与留恋，长长的队伍护送着她前往远方，狂风卷着黄沙，吹打着出塞的人精致的脸庞，马嘶雁鸣使她心中感慨万千，于是拿出琵琶，弹奏一曲《出塞曲》。琴声中夹杂着浓浓的乡愁与一丝的憧憬，曲折婉转，优美动人，一群南飞的大雁沉迷于琴音中而忘了摆动翅膀纷纷落在了平沙之上，落雁便成了昭君美貌的代称。

3.一身归朔漠，数代靖兵戎

王昭君到达匈奴后，被封为宁胡阏氏，阏氏是王后的意思，寓意着和平、兴旺和安宁。在漫天黄沙、牛羊遍地、大雁南飞的匈奴，王昭君生下了一个儿子，单于封儿子为右日逐王。然而在她24岁那年，呼韩邪单于去世了。匈奴有着收继婚制的习俗，按照习俗，王昭君要再嫁给新继位的单于，呼韩邪单于的长子复株累单于雕陶莫皋，这对于接受传统汉文化教育，来自中原的王昭君来说是难以接受的，于是她上书汉成帝，希望可以准许她回到汉朝，但是她等来的却是"从胡俗"这一冷冰冰的回答。昭君无奈之下嫁给了雕陶莫皋，后生下了两个女儿，大女儿起名云，小女儿叫当。然而命运却没有温柔地对待她，11年后她的第二任丈夫也去世了。

在匈奴的几十年间，柔弱的王昭君，慢慢习惯了喝羊奶，习惯了住毡帐，熟悉了骑马射猎，也学习了一些胡语，她一边劝诫单于不要轻易发起战争，取汉之优以补匈奴之短，一边在匈奴传播先进的中原文化，协助单于管理草原，育桑种麻，繁殖六畜，教授纺纱织布挑花绣朵的技艺，匈奴"国泰民安，边城宴闭，牛马布野，三世无犬吠之警，黎庶忘干戈之役"，焕发生机的同时与汉朝一直保持着睦邻友好关系。

千载琵琶作胡语，分明怨恨曲中论。我们对远嫁匈奴的昭君是充满同情的，但是通过和亲，匈奴与汉朝近60年间没有战火，加强了匈奴人民与汉族人民的感情，促进了民族团结。在昭君去世后，她的子女及姻亲秉承她的遗志，女儿须卜居次、当于居次，外孙大且渠奢、侄子王歙和王飒等人，都为两国友好做出不懈努力。"一身归朔漠，数代靖兵戎。若以功名论，几与卫霍同。"今天，昭君的故里，湖北宜昌宝坪村，又名"昭君村"，成为了展示昭君出塞遗址的著名景点，昭君纪念馆已经成为爱国主义教育的省级示范基地。在纪念馆中，立有一尊2.8米高的汉白玉昭君雕像，昭君的精神跨越千年仍然激励着我们。

九、班超出西域

班超（32—102），字仲升，扶风郡平陵县（今陕西咸阳东北）人。东汉时期军事家和外交家。他出生于史学世家，父亲是以治史闻名的班彪，兄长班固是史学著作《汉书》的作者，妹妹班昭才华横溢，在班固去世后为其续写《汉书》。受家庭氛围的影响，班超从小思维敏捷，博览群书，小小的他有着大大的梦想，张骞、傅介子等人是他心目中的英雄，他渴望像他们一样建功立业。班超在出使西域期间，平定西域，为促进民族融合做出了巨大的贡献。

1.投笔从戎，出使西域

班超从小胸有大志，家境贫寒时靠为官府抄写文书来维持自己与老母亲的生活，但是从事文书工作的他却发出感慨："大丈夫无他志略，犹当效傅介子、张骞立功异域，以取封侯，安能久事笔砚间乎！"班超在别人诧异与嘲讽的目光中毅然决定投笔从戎。

当时匈奴控制着西域诸国，实力渐趋强盛，屡次进犯河西诸郡，使当地人民生活在水深火热之中。73年窦固奉命攻打匈奴，班超被任命为假司马随军出征，在随军一年中班超率兵进攻伊吾，与匈奴交战，立了战功。窦固赏识他的军事才能，之后派他出使西域。

2.不入虎穴，焉得虎子

班超在出使西域途中先到达了鄯善国（今新疆罗布泊西南）。一开始，鄯善国国王对班超等人非常尊重，将他们作为上宾热情招待，然而过了几日之后国王对待他们的态度急转直下。由于当时的西域诸国在东汉与匈奴之间摇摆不定，班超猜想匈奴的使者也来到了鄯善国，所以鄯善国国王才会犹豫不决，不知道该依附于谁。于是班超召见鄯善国侍者，说他已经知道了匈奴的使者也来了。一时间鄯善国侍者吃惊不已，只好将具体情况如实告知了班超。班超召集他的部下喝酒，在大家酒醉的时候，班超慷慨激昂地说："我们才来到鄯善国几天，国王一见匈奴使者到来便对我们越来越冷漠，那如果他将我们绑起来送到匈奴任人宰割怎么办呢？"随行部下茫然无措，表示一切都听班超的。班超便说："不入虎穴，焉得虎子，匈奴使者并不清楚我们的人数，我们应该趁着天黑用火进攻，趁机消灭他们，鄯善国国王知道了以后一定会害怕不已，就只能听我们的了。"在这天天刚黑的时候，班超就和众人直奔匈奴驻地，派一些人拿着鼓藏好，约定一见火起就敲鼓，安排剩下的人拿好弓箭埋伏。天公作美，恰好那天晚上起风，班超顺风势放火，一时间锣鼓喧天，场面骇人，匈奴措手不及，一部分人被杀，一部分人葬身火海。鄯善国国王看到匈奴使者的头颅的时候，心中又惊又惧，当即表示愿意归附汉朝并将自己的孩子送到汉朝当人质。

3.五十余国归汉

班超在完成使命后返回汉朝。窦固知道他们在鄯善所做的事情后非常高兴，将班超的出使经过及所取得的成果上报皇帝。皇帝知道后认为班超有勇有谋，是不可多得的人才，便派他再次出使西域。此次班超到了于阗国（今新疆和田），而当时于阗国的实际大权掌握在匈奴手中，所以国王对他们并不友好。当时于阗盛行巫术，巫师对国王说："因为你们想要归顺汉朝，所以天神发怒了，汉朝有一匹嘴黑毛黄的好马，需要将它要来祭祀天神。"所以于阗国王派宰相私来比去向班超要马，而班超早已知道事情的来龙去脉，就要求让巫师亲自来。当巫师来了后，班超下令杀了他，痛打私来比数百皮鞭，并把巫师的头放到于阗国王的面前。于阗国王对班超杀匈奴使者的事情早已耳闻，顿时惶恐不已，随即下令杀了匈奴使者，重新归附汉朝。班超代表汉重重地赏赐了于阗国王及其臣子。自此以后，西域各国都派王子去汉朝做人质，西域各国与汉朝在中断了65年的联系后重新恢复关系。

76年，西域都护陈睦被杀死，班超孤立无援，但是他不想让自己在西域所做的努力付诸东流，当时班超已经促使鄯善、于阗、疏勒三个国家与汉朝恢复了友好关系，于是他上书皇帝，主张采取"以夷制夷"的策略来平定西域。章帝认同他的观点，并派人支援他。87年，班超采用调虎离山之计攻破莎车，威震西域，90年，大月氏归顺汉朝。91年，龟兹、姑墨、温宿等国相继投降。班超平定西域，皇帝十分高兴，复设西域都护府，任命班超为西域都护。94年，班超降服了最后仅存的3个国家焉耆、危须、尉犁，到这个时候，西域的50多个国家都归顺汉朝，最终实现了他立功异域的理想，万里封侯。95年，朝廷封班超为定远侯表彰他的功勋。97年，班超还派遣使者甘英前往大秦（罗马帝国），但甘英至西海（波斯湾）后返回。

班超在西域期间，面对叛服不定的西域诸国、强悍的匈奴王朝及大月氏穷竟了毕生的智慧与精力，苦苦维系着汉朝对于西域的控制。随着班超年龄越来越大，对亲人和故土的思念越来越浓，100年，班超上书"臣不敢望到酒泉郡，但愿生入玉门关！"请求回朝。102年，班超回到了洛阳，皇帝封他为射声校尉，也许是完成了回到故土的心愿，在回到洛阳十余天之后班超便去世了，享年71岁。班超的西域传奇是汉王朝衰落前取得的最后的辉煌，班超以他非凡的政治和军事才能平定西域，不仅维护了汉朝的安全，而且加强了汉朝与西域诸国的联系，促进了民族融合。

十、玄奘取经

玄奘（602—664），俗家名为陈祎，河南偃师人。隋炀帝大业年间出家，大家尊称"三藏法师"，是唐代高僧，唯识宗创始人之一，佛学家、翻译家、旅行家。我们所熟知的《西游记》中的唐僧便是以他为原型而塑造的人物。

1.立志西行求法

玄奘幼时随父亲学习《孝经》等儒家经典著作。在父亲去世后，跟随出家的二哥在河南洛阳净土寺学习《法华经》《维摩经》等。此后他从洛阳到长安以及四川、河南、河北、湖南、湖北等地游历学习，讲经说法。经过多年学习，他对大小乘经论、南北地论、摄论学说均有较深的见解。当时国内佛教宗派林立，体系繁杂，各派对经学的见解不同，早在南北朝时就有"一阐提众生有无佛性"的争论，而这也是玄奘想要解决的问题。恰逢天竺僧波颇抵达长安，玄奘从他口中得知那烂陀寺讲授的《瑜伽师地论》是总摄三乘的佛经，而戒贤大师是这部佛经的作者无著菩萨的嫡传。玄奘相信《瑜伽师地论》可以解决佛教争论的问题，于是决定西行。

2.历经磨难，矢志不改

隋唐时期时局动荡，李渊在起兵之时为了防止受到突厥的攻击，便向突厥进攻。但东突厥仍然无视唐朝，经常率兵侵扰。626

年，李世民刚刚当上皇帝，东突厥突然向长安发动袭击，带兵直到渭水桥边，与长安城仅一水之隔，直到唐太宗李世民答应继续向东突厥俯首称臣并增加进贡才率兵离去。这在李世民心中是奇耻大辱，于是他一边从全国各地秘密召集军队到西北边疆，一边为了防止消息传出而封锁城门，这对于玄奘来说无疑是一个坏消息。627年，玄奘向唐太宗请求西行，但是皇帝并未答应。但是玄奘已下定决心西行求法，趁着当时大面积霜降便混在难民中出城。途经兰州到达凉州。在凉州时，险些被遣送回长安，幸亏有一位老和尚派了两个小徒弟日夜不停地护送他到瓜州，恰好瓜州州吏是一位佛教徒，放玄奘离开，然后他到达地形险恶的玉门关，孤身一人穿过渺无人烟、飞沙走石的流沙河，到达西域的一个小国家伊吾（哈密），受到当地国王的礼遇，然后玄奘跟随高昌国（今属新疆吐鲁番）的使者到了高昌国。高昌国国王魏文泰年轻时曾游历隋朝，推崇中原文化，对玄奘的到来非常高兴。当时高昌国刚刚经历政变，而人民非常推崇佛教。魏文泰希望玄奘弘扬佛法稳定民心，同时也希望他留下来从政，辅助他大展宏图，但是玄奘并未答应。国王对他威逼利诱，他以绝食抗议。魏文泰最后被他的诚心所感动，并与他结拜为兄弟，在他离开时派人护送，送他足够的食物和钱财，修书通知沿线国家给予玄奘关照。之后虽然玄奘途中并没有遇到什么妖魔鬼怪，但是他走过了荒无人烟的沙漠，爬过了白雪皑皑的凌山，风餐露宿风雨兼程，经历艰苦的长途跋涉，路经西域十六国和中亚地区的许多国家，最终到达南亚印度。

3.虚心求法，终成正果

在迦湿弥罗国，玄奘钻研梵文经典约2年，向70岁高龄的僧称法师虚心求教，获法师大赞其悟性和天资可以继承《瑜伽师地论》的作者无著菩萨的衣钵。当时有很多人不服气，与玄奘辩论，但无人能赢。这段时间的学习为他以后游历五印（即印度）和回国之后的翻译工作奠定了扎实的基础。随后他向恒河地区出发。玄奘31岁时进入当时的中印度，虚心学习佛教经论，同时参观了佛教圣迹：蓝毗尼花园、迦毗罗卫、菩提迦耶、鹿野苑、祇园精舍、竹林精舍、灵鹫山、那烂陀寺等。那烂陀寺是印度最大的佛教寺院，也是玄奘西行的最终目的地，这里会聚了才能出众的几千名和尚，甚至连看门的都是学识渊博之人，玄奘跟随誉满全印度的戒贤法师学习，在那烂陀寺待了5年，备受礼遇。玄奘35岁时向师父辞行，游历五印，他的路线大概为东印、南印，然后折向西印，再回到东印。在游学的路上，与各地圣僧讨论切磋，精进学识，他拜十几位名师，可以说这一时期他的学问已经超过他所有的师父。戒日王为五印的统治者，他与玄奘交谈之后，对大唐仰慕不已，于是派使者到长安，唐朝也派遣使者回访，这是中国和南亚次大陆开始正式外交的源头。玄奘为戒日王讲解大乘佛法，令戒日王敬佩不已，于是为他举办法会。这种法会是佛教的"无遮大会"，无遮大会一般5年召开一次，举行讲经、辩经等活动，所有的参会费用由国王承担。此次大会有五印18个国王、300个大小乘佛教者及外道2 000人参加。在大会上玄奘一共讲了18天大乘立论，始终没有一个人敢站出来与他辩论，一时间名震五印，被大乘尊为"大乘天"，小乘尊为"解脱天"。

4.载誉而归，弘扬佛法

在西行15年之后，玄奘载誉而归。由于声名远播，一路上国王派人护送，与来时的艰辛完全不同，并不断受邀讲学，大概3年后才回到长安。此时的唐边境形势已经发生了很大的变化，彻底击败了突厥，边关禁令早已做了调整。唐太宗并未计较玄奘当初的"偷渡行为"，在洛阳的行宫召见了玄奘。玄奘将西域、中亚和五印的风土人情、佛教遗迹一一陈述。唐太宗非常高兴，督促他将沿途所见所闻记录下来，这便是《大唐西域记》的由来。唐太宗认为玄奘对西域、中亚、南亚非常了解，可以成为像博望侯张骞那样的人物来扩大唐朝的影响力，希望他可以还俗做官。但是玄奘一心想要从事佛经的翻译，潜心佛学，他带回了150粒佛骨舍利、大量佛像和657部佛经，便拒绝了从政。

后来，唐太宗将他安置在了长安的弘福寺，调集众多高僧，在玄奘的主持下开始译经工作，后来在大慈恩寺、北阙弘法院、玉华宫等处举行。其间在大慈恩寺所待时间最长，达11年。译经讲法之余，由他口授，他的弟子辩机执笔完成了《大唐西域记》，记录了他游学期间的所见所闻。649年，玄奘完成了佛教经文最短、对后世影响最大、在民间普及程度最高的经文《般若波罗蜜多心经》。652年，玄奘在大慈恩寺西院内建塔用来安置西行带回的经卷等，这座塔便是今天坐落在西安的大雁塔。在塔下面立有太宗的《圣教序》、高宗的《圣教序记》，一序一记合称《雁塔圣教序》，均由当时的大书法家褚遂良用楷体所书，为四大《圣教序》之一。此后，玄奘仍从事译经工作，在其弟子窥基的帮助下，开创了佛教新宗派——唯识宗。《成唯识论》《成唯识论述记》这两部经卷的问世是中国佛教唯识宗诞生的标志。这些佛经经中国传入朝鲜半岛、越南和日本，影响延续至今。显庆五年（660年），玄奘开始着手翻译《大般若经》，此经梵文文本共计20万字，翻译量极大，而玄奘已到风烛残年的岁数，长期的翻译工作已使他身心疲惫，但他仍不顾众人劝说，坚持全译。他加紧工作，与时间赛跑，663年，最终完成了这部600卷的巨著。这部巨著凝聚了玄奘最后的心血。664年玄奘去世。

玄奘在近20年间前前后后共翻译了75部，总计1 335卷经文，涉及内外二学、显密二教等。他所翻译的佛经在数量上占当时总译经数的1/2以上。而他译经的质量他人也无力企及，是中印佛教的集大成者，开启了译经的新时代，促进了中印的文化交流。他将《老子》译成梵文传到印度。他所著的《大唐西域记》是世界上最早的国际新闻作品集，内容涉及了他所游历的各个国家或地区的地理位置、气候物产、语言习俗、宗教文化、佛教圣迹等概况，还记录了种种传说，这本著作是研究佛学的重要文献，同时也成为研究中亚、南亚历史地理的重要史料，对于印度那烂陀寺等遗迹的考察挖掘起了不可忽视的作用，为人类文明做出了伟大的贡献。

十一、文成公主和亲吐蕃

文成公主（625—680），山东济宁人。吐蕃尊称其为甲木萨，在藏语中，甲是汉的意思，木是女的意思，萨是神仙的意思。641年，文成公主远嫁吐蕃，成为吐蕃赞普松赞干布的王后，为唐朝和吐蕃的友好交往奉献了她的一生。

1. 求娶公主

633年，吐蕃赞普松赞干布雄图伟略，经过南征北战后结束了吐蕃分崩离析各自为政的局面，统一西域，最终在青藏高原上建立了统一而强大的吐蕃王朝。西藏地区的统一，促进了当地经济、政治、文化的发展，同时为吐蕃与唐朝的友好交往埋下伏笔。

贞观八年（634年），松赞干布派使者向唐朝求娶公主，唐太宗并未同意，而与此同时，吐谷浑王诺曷钵也到唐朝求娶公主。当时的吐蕃与吐谷浑均属于游牧民族，都想要扩张自己的领土，二者为敌对关系。吐蕃以吐谷浑挑拨导致吐蕃求娶失败为借口，攻打国势日益衰微的吐谷浑，取得胜利。接着松赞干布扬言如果唐朝不同意和亲便攻打唐朝，并将兵屯在松州（今四川松潘）。唐朝泱泱大国，丝毫不妥协，调兵遣将击败吐蕃，松赞干布领教了唐朝强大的军事实力，不敢冒进，带兵退出了吐谷浑、党项等地，派遣使者禄东赞向唐朝谢罪，并再次请婚。中华民族向来以和为贵，就当时的情况来看，和亲有利于两国人民的幸福安定，唐太宗也被松赞干布的诚意所打动，同意了他的请婚，将一宗室女子封为文成公主。据说文成公主自幼饱读诗书，蕙质兰心、贤淑多才，在唐送亲使与吐蕃迎亲使禄东赞的陪同下前往吐蕃。

2. 智慧使者

根据民间传说，当时吐蕃与天竺、吐谷浑等国都向唐朝派出使者求娶公主，因为当时适龄的公主并不多，一时令唐太宗非常为难，便出了六道题来考几位使者。第一道题目是将绫缎穿过九曲明珠。在众多使臣一筹莫展的时候，禄东赞从树下的蚂蚁身上得到灵感，将丝线的一端系在蚂蚁的腰上，另一端系在绫缎上，在明珠上抹了蜂蜜，蚂蚁闻着蜂蜜的香味带着绫缎穿过了明珠。据说蚂蚁在走到一半的时候有点累了，便停下来休息，禄东赞使劲往里面吹气，助蚂蚁一臂之力。第二道题目是要求各国使者在一天之内将100头羊吃光、100坛酒喝光，还要把羊皮揉好。别的使者非常着急，有的吃得撑得动也动不了，有的使者已经酩酊大醉，而禄东赞要求随从人员小口吃肉，小口喝酒，边吃边喝边揉，不到一天就成功完成了第二道题目。第三道题目是分辨一百匹小马驹和一百匹母马的母子关系。各国使者大多根据马的毛色、外貌、高矮胖瘦来区分，都没有成功。禄东赞将小马驹与母马分开，只给小马驹吃饲料而不让它们喝水，在一天之后，把100匹小马驹放到母马群中，小马驹都找到了自己的妈妈喝奶以解渴。第四道题目是让使者们辨认粗细一样的木棍哪边是梢哪边是根。禄东赞将木棍全部倒进水中，沉在水下面的部分是根，露出水面的那部分是梢。第五道题目是找出宫的路。一天晚上皇上突然召见各位使者，带领使者进宫的时候走的路线非常复杂，禄东赞意识到这也是考验，便沿途做了记号，正如他所料，皇帝让使臣们沿原路返回。第六道题目是辨认公主。皇帝将公主安排进穿着打扮基本一样的300名宫女中，让使者辨认。禄东赞提前从服侍公主的奶娘处得知了公主的外貌特征，最后正确地指出了左边第六位就是公主。禄东赞凭借着自己的聪明才智成功地完成了吐蕃求娶公主的使命。唐太宗六试使者之后，大赞禄东赞的聪明才智，松赞干布与唐的和亲在克服了种种困难和禄东赞的努力下得以实现。唐朝和吐蕃开始了和平的邦交关系。后来藏族人民将这个民间故事编成藏戏登台表演，画成壁画供人欣赏，藏族人民对这一传说的喜爱和重视体现了他们对汉藏两个民族的友谊的珍视。

3.汉藏一家亲

文成公主从长安出发，途经西宁，历经千辛万苦到达拉萨。当时吐蕃的设施还很简陋，松赞干布专门为文成公主建造了布达拉宫。据说修建的房间达999间，还有一间修行室，共1 000间。在布达拉宫至今仍保存着松赞干布与文成公主的婚房遗址，布达拉宫内画有色彩绚丽的壁画，当时的神话传说和各种历史事件都可以在壁画中找到它们的影子。它仁立在拉萨中心，是拉萨最高的建筑，几乎在拉萨任何一个地方都可以看到大气磅礴的布达拉宫，它也是整个青藏高原的象征。

松赞干布非常喜欢贤淑聪慧的文成公主，积极听取她的建议，脱掉毛毡革裘，改穿绫罗绸缎，并派遣贵族子弟前往唐朝学习先进的中原文化，唐朝也不断派工匠来吐蕃传授先进的技艺。"自从公主入蕃后，一代胡风似汉家"便是当时的真实写照。文成公主在吐蕃的40年间，只和松赞干布共同度过了10年，在松赞干布去世后，她并没有一直沉浸在悲伤中，她一直为吐蕃和唐朝两国的友好发展做着力所能及的贡献。公主及她所带去的工匠向吐蕃人民传授雕刻佛像、种植青稞、改进纺织、冶金、农具制造、房屋建造等技艺，在原来没有农业的地方推行双牛偶耕，再加上文成公主带去的各种谷物、药材、书籍和工艺等，对吐蕃的农业、手工业及宗教文化的发展起了极大的促进作用。

在松赞干布迎娶文成公主之后的200年间，虽然吐蕃与唐偶有战争，但两国关系一直是以和平为主的。通过这次联姻，两国交往日趋频繁，经贸交往更加广泛。吐蕃人逐渐了解汉族文化，汉人也在吐蕃担任官职，汉族的佛教文化对吐蕃产生了深刻的影响，据传文成公主带着释迦牟尼的佛像来到吐蕃，佛教在吐蕃逐渐本土化并成为当地人民的宗教信仰，同时还采取了天干、地支的纪年方法等。唐蕃古道的开辟，形成了由长安经青海到达吐蕃、泥婆罗（今尼泊尔），最终到达印度等南亚国家的新通道，为拓展丝绸之路做出了巨大的贡献。

十二、鉴真东渡

唐朝有一位伟大的僧人，他搭起了中日佛教文化交流的桥梁。

他就是鉴真和尚。

1.弘扬佛法，毅然东渡

鉴真是唐朝的律宗僧人，出家前姓淳于，生于扬州江阳县（今江苏扬州市）的一个中医世家。14岁时，出家于大云寺，在高僧智满禅师门下学习佛法。他天资聪颖，佛法研习精进神速，不久后又去长安游学，在弘景法师处学佛。三年间，他采众家之长，博览群书，不仅佛法精通，对医药、建筑、工艺等都有很深的造诣。三年后学佛已成，随即回到扬州大明寺修行，渐渐成为当地的高僧，弟子也渐渐多了起来。鉴真以戒律感化诱导众生，据说，当时受到他感化受戒的人前后约有四万人。江淮地区对他也流传着这样的评价："江淮之间，独为化主。"

唐朝文化兴盛，国富民强，气象万千，吸引着异邦人前来学习唐朝文化。这期间也不乏日本僧侣来唐朝取经，学习佛法。其中荣叡和普照便是随遣唐使来华学习佛法的。开元二十一年（733年）荣叡和普照来到中国，前后10年在中国学佛，其间也从中国请回高僧前去日本授法。天宝元年（742年）二人回国前参见鉴真。在扬州大明寺，二人向鉴真讲了日本虽有佛法，却没有剃度名僧，随即请求鉴真帮助，能否同去日本弘法授戒，以根正日本本土佛教之乱象。鉴真见他们讲得真切，又觉日本终是有缘之国，自己虽然年岁已大，但为了弘扬佛法，须得有此一行。于是问道，有谁欲与他同去日本传法。然而言罢却无回声，终于弟子祥彦回应道"彼国太远，性命难忧，沧海森漫，百无一至"。一时间场面沉默尴尬，鉴真不觉动气，对曰"为是法事也，何惜生命？诸人不去，我即去耳"。

弟子们听到后,心中惭愧与感动并现,随即有21人愿与鉴真同去日本。

第二年春,鉴真与荣叡、普照等人准备渡海去日本。但因没有出国证明,又因唐时海禁较严,所以只能秘密东渡。临行前,因同行僧侣间发生了矛盾,进而有人被诬告为与海盗勾结,被官府抓获,后经调查发现并无此事,只是按例将荣叡等人遣送回国。官府又以海上不安全为由,拒绝了鉴真等人的出海,没收海船,东渡之事暂且作罢。之后鉴真着手准备第二次东渡,一切准备妥当之后,不料出航后遇到风暴,船身受损,无奈只得作罢。第三次东渡又于舟山群岛遇到风暴,再次失败。第四次东渡,因海禁甚严,鉴真欲从福州出发,但当地僧众担心鉴真安危,告知官府其行踪,遂被送回扬州。之后鉴真潜心准备第五次东渡,天宝七年(748年),鉴真再次东渡,可当海船行至舟山群岛后又遇大风暴,被迫停泊两月之久,其间淡水消耗得所剩无几。而当再次起航时,风浪再起,船在风浪中无法掌控方向,经过14日的海上颠沛,终于靠岸。可是上岸后众人才知道,此地为海南振州。一行僧众受到当地人的欢迎,在此留居一年之后,再次启程返回扬州,然而不幸的是,归途中荣叡重病去世,普照也只身北去。这让年事已高的鉴真备感沉痛,加之旅途艰辛,又患上了眼疾,最后失明。有道是祸不单行,不久后,祥彦也因病去世。但此间种种,并没有打倒鉴真,他更加坚定了东渡日本的决心。终于,天宝十二年(753年),机缘巧合,历尽磨难的鉴真搭乘日本遣唐使的归船,去往日本,其毕生心愿得以实现。

2.过海大师，影响深远

到日本后，他竭力弘扬佛法，并传播中华文化，获得日本僧俗两界的极高赞誉，诸如"大僧都""过海大师""医药始祖"，等等。他对日本的佛教、医学、建筑、雕塑等方面产生了极其深远的影响。1980年2月，日中友好团体为了增进两国人民世代友好下去的情谊，曾将其坐像送回北京、扬州两地供中国人民和佛教徒瞻礼。其实文化交流是一种自觉的、高尚的、和风细雨般的、潜移默化的交融。总的说来，它是一种积累，一种沉淀，在这种积累和沉淀中，我们更能感受到彼此的共通。鉴真东渡，最终促进了中日文化的互动，成为一则永载史册的佳话，其至今仍为日本人民所感念。这一点，我们可以通过他们的文化古迹，得以确证。

十三、阿倍仲麻吕的故事

阿倍仲麻吕（698—770），日本人，汉名晁衡，字巨卿，698年生于一个贵族家庭。他从19岁时来到中国，73岁时在中国去世，在中国待了50多年，是中日友好交流的先驱与代表人物。

1.遣唐使者

从7世纪开始，日本不断向唐朝派出使者，学习唐朝先进的经济体制、政治制度。唐朝经济文化高度发达，长安有着几百万的人口，文化包容并收，威名传遍四海，当时世界上有300多个国家和地区与唐交往。大批的外国使臣不顾路途艰辛千里迢迢来到唐朝，真可谓"万国来朝"的盛况。阿倍仲麻吕所处的日本，刚刚完成从奴隶制度向封建制度的转变，百废待兴。

阿倍仲麻吕自小聪颖，喜爱读书，幼时便受到良好的教育，非常热爱和崇拜唐朝文化。716年，由于当时的航海条件并不完善，他不顾葬身大海的危险，毅然随第九次遣唐使前往唐朝。

2.考中进士

经过大概半年的漂泊到达长安之后，阿倍仲麻吕被安排到教育贵族子弟的太学学习。阿倍仲麻吕在太学结业后便参加了淘汰率极高的科举考试，考中了进士，成为高等文官的储备人才。在当时，即使是寒窗苦读十载的学子考中进士也是非常难的，进士不仅要精通国家的大政方针，还要善于诗文，阿倍仲麻吕是数百年间来唐的留学生中考中进士的第一人，也是最后一人。不久他得到唐玄宗的赏识，被任命为左春坊司经局校书，正式成为大唐公务员中的一员。他的好友诗人储光羲曾作"朝生美无度，高驾仕春坊"的诗句来赞美他的风采气度和才华横溢。

3.才干非凡

731年，阿倍仲麻吕晋升为门下左补阙，掌管供奉、讽谏等事务，这一职务品阶不高但需要有才华的人担任，同时由于职务的关系与唐玄宗有很多见面的机会。在任职期间，获皇帝赐名"晁衡"，无上荣光。唐玄宗非常器重他，之后阿倍仲麻吕陆续担任了仪王友、卫尉少卿。秘书监兼卫尉卿，身兼一文一武两个官职，可见其才干非凡。他的官阶也从九品芝麻官升至三品，仅位于各部的尚书之下。

4. 征帆一片绕蓬壶

733年，日本新一批的遣唐使来到唐朝，阿倍仲麻吕非常思念故乡和远在日本的亲人，便向皇帝提出想要回到日本的请求。唐玄宗并未同意而是挽留他继续待在中国，当时他写了这样一首诗："慕义名空在，输忠孝不全。报恩无有日，归国定何年？"来表达他的忠孝难两全及思乡之情。753年，他一同留学唐朝时的同学藤原清河再次带领日本遣唐使来到唐朝，老友在异国他乡的久别重逢，再次激起了阿倍仲麻吕的思乡之情，此时他已经56岁了，在中国待了37年了。唐玄宗感念他对家乡父母的孝心及一片赤子之心，为表达对他的敬重，任命他为大唐使者，并同意他回到日本。他当时与著名的诗人李白、王维、储光羲等人建立了深厚的友谊，在友人得知他即将回国的消息后，纷纷为他写诗送行。阿倍仲麻吕带着对友人和唐朝的留恋，带着即将回乡的激动之情踏上了回家的归途。但天不遂人愿，此次航行并不顺利，四艘船在海上遇到风暴，阿倍仲麻吕与好友藤原清河所乘的船被吹散，被吹到了中国南海的驩州（今属越南），那艘船上的幸存者只剩下包括阿倍仲麻吕和藤原清河在内的十余人。其他三艘船的人回到日本后没有见到阿倍仲麻吕等人，以为他们已经遇难。当这一消息传到唐朝时，朝野上下为之悲痛惋惜。当时未能为阿倍仲麻吕送行的李白得知这一消息后，怀着悲痛的心情写下了那首著名的诗篇《哭晁卿衡》，"日本晁卿辞帝都，征帆一片绕蓬壶。明月不归沉碧海，白云愁色满苍梧。"后来阿倍仲麻吕等人历经千辛万苦回到长安，友人们自是不胜欣喜。阿倍仲麻吕在看到李白为他写的诗时，心中大为感动。阿倍仲麻吕虽然未能如愿回到日本，但是他在唐朝仕途顺利，安史之乱后再度为官。770年，阿倍仲麻吕在长安去世，享年73岁。唐代宗为了褒奖他为唐朝做出的贡献，追赠其为从二品潞州大都督。

阿倍仲麻吕终其一生未能实现回到日本的愿望，但他为日本学习中国传统文化做出了巨大的贡献，为日本争得了荣誉。752年，日本遣唐使来到长安，阿倍仲麻吕对他们进行了礼仪上的指导，在上朝觐见时，唐玄宗称赞日本使者仪态非凡，给予特别优待，命阿倍仲麻吕担任向导带领日本使者参观大明书库和收藏佛、道、儒三教经典的三教殿，并请有名的画家为使者画像。在各国使者和朝廷百官均参加的朝贺大典上，之前的席次为新罗、大食居东班，吐蕃、日本居西班，唐玄宗打破惯例，使日本使者位居东班首席，大大提高了日本的国际地位。

阿倍仲麻吕一生勤奋好学，学富五车，汉学造诣颇深。他还是历经玄宗、肃宗、代宗的三朝近臣，是唐朝的著名的诗人，名噪一时。鉴真东去，晁衡西来，为中日两国友好关系的发展做出了巨大的贡献。中日两国分别在1979、1978年在西安和奈良修建了阿倍仲麻吕纪念碑。由于阿倍仲麻吕在唐朝时经常出入兴庆宫，西安的阿倍仲麻吕纪念碑就位于兴庆公园，碑上刻着他写的《望乡》和李白写的《哭晁卿衡》两首诗及他的生平事迹供后人瞻仰。

十四、李清照与赵明诚

当我们谈到爱情的时候，总是愿意把一些美好的词加在它的身上，比如天长地久。当我们看爱情故事的时候，如果不是对故事里的主角有多么大的痛恨，也会希望他们天长地久。

1.情投意合，相互砥砺

两宋之交，就有这样一对才子与才女相合的典范。才子赵明诚，精通金石之学，又是收藏鉴赏大家；对于古文字，也颇有见识。其出身门户颇高，乃是当朝宰相赵挺之的三子。才女李清照，宋代大词人，号易安居士，出身于书香门第。相传，赵明诚年轻时候便极其倾慕李清照的才华，有一次用谜语"言与司令，安上已脱，芝芙草拔"暗示他父亲该去提亲了，他已有心上人了，那就是李清照。两家门当户对，二人也是喜结连理。婚后，二人情投意合，琴瑟和鸣，李清照跟赵明诚一起钻研金石之学，赵明诚向李清照讨教文辞之道，二人相互砥砺，在学问上日益精进，夫妻感情也日渐浓厚，生活美满。

2.患难真情，完成遗志

天长地久是个褒义词，它总是希望一些有着美好价值的东西能长久保存下去。但世事总是难料。赵李二人后遇乱世，从此江山风雨多，二人的生活也发生不小的转变，从之前的安适的生活，变成了在逃亡的路上。1129年，赵明诚离世，这对李清照来说是巨大的打击，这从她的词风可以看出来。这期间她不仅悼念亡夫，还继亡夫之遗志，编纂《金石录》。金兵在宋朝的残暴行径，使她激愤，她不忍看到家国就这样破碎，她高呼收复失地，统一国家。她想团结那些反抗的宋人，唤醒朝廷，为国家挽回尊严。但是无奈，宋的腐朽已经不是呐喊能医治的了。这种爱国情怀使得她为后世所尊崇。家国不仅仅是一种喊出来的口号，家国更是一种情怀，爱国，团结，为我们这个共同体的命运所考虑，又何尝不是和合的应有之意，使我和于家，使家和于国，使国和于太平，以太平为天下和。

十五、马可·波罗的故事

1254年9月15日，美丽如幻梦般的水上城市威尼斯的一个商人家庭，诞生了马可·波罗。繁荣的贸易、各色的人群，晨曦与晚霞穿梭在熙熙攘攘之中，这种律动汇成了威尼斯的呼吸。

1.向往东方

这种生活伴随着马可·波罗成长，新鲜的事儿、新鲜的人儿，无时无刻不出现在他的周围。1269年，马可·波罗15岁时，他的父亲和叔叔从中国经商回来，带来了忽必烈大汗给罗马教皇的信，也带来了东方的种种见闻趣事，这使马可·波罗对东方产生了浓厚的兴趣，而传递信件使得他们一家再次去往中国成为可能。在这之后，马可·波罗总是缠着大人给他讲东方的故事，渐渐地，父亲和叔叔这段东方经历在他心里烙下深深的印记。遥远的东方古国在他心里变成了神秘的远方，他下定决心要跟父亲和叔叔去往中国。

2.愿望实现

1271年，马可·波罗17岁时，他的愿望实现了。当父亲和叔叔拿着教皇的复信和礼品出现在他面前时，他知道，自己也会以一个威尼斯商人的身份，跟随他们去往遥远的中国，去见识那神奇的异国风情、人间百态。他们从威尼斯启程，渡过地中海和黑海，到达小亚细亚半岛，再经底格里斯河后抵达巴格达，并在巴格达休整。他们预计下一站直奔波斯湾的出海口霍尔木兹，然后就可以乘船去往中国。但此时意外却发生了，当他们在当地的小镇补充接下来的行程所必需的食物和饮水时，他们陌生的面孔被强盗盯上了。夜晚，强盗们发动了袭击，抢夺他们的财物，又一并抓走了他们，幸运的是一家人逃了出来，但不幸的是，同道的友人不知所踪。接下来，三人到达了霍尔木兹，但一直没有等到去往中国的船只。无奈之下，只好选择陆路去往中国。他们徒步穿越伊朗高原、帕米尔高原，历经磨难艰险，以坚强的意志克服了种种困难，包括疾病与外界的危险，终于来到美丽的中国新疆。之后又经敦煌、酒泉、张掖等地，于1275年夏抵达元朝上都。这一年，马可·波罗21岁了。呈递完教皇的信件与礼物后，马可·波罗的父亲向忽必烈大汗介绍了自己的儿子，讲述了在这一段艰辛的旅程中马可·波罗的种种过人表现和他对中国的倾慕之情。忽必烈大汗看着这优秀的后生十分高兴，随即设宴款待，而后邀请他们同返大都。在这段日子里，聪明好学的马可·波罗很快地掌握了蒙古语等语言，大汗在与他的多次接触后，愈发赏识这个年轻人，终于委以官职。在朝中当官时候，马可·波罗经常奉命前往中国各地调查、游历、记录，并向大汗报告当地的风土人情，经年累月，马可·波罗走遍了中国的大江南北，也领略了中国多处使他惊讶赞叹的地方。不仅如此，大汗惊异于马可·波罗的才能，还让他出使一些邻近国家，如苏门答腊，缅甸、越南等。这些都在后来的《马可·波罗游记》中展现得淋漓尽致，游记中记载了中国的富庶与开明、繁荣与昌盛、恢宏与大度。还有先进的科技、工业、交通，国度之神奇皆展现得尽透。

3.传播中华文化

1292年，因护送阔阔真公主前往波斯，又因阔别家乡多年，想念故土，马可·波罗踏上了归乡的旅途。终于1295年，回到了阔别已久的家乡威尼斯。这一次，马可·波罗带着更多的东方见闻回到了他的故乡。关于东方的消息，一种独特于西方的典章制度、生活方式，传遍了威尼斯城。在世界的西方，以文化的交往开启了交融追求之路。而文化的相互交融，作为一种软实力的相互交汇，有利于中外人民增进了解，促进世界的和平发展。每种文化都有它特定的生机，其生生之意与它的民族共外延，我们以和的方式连接两种文明，根子在于不去摧毁他者的生活，而在于别开生面，开启更多的可能的生活。

十六、郑和下西洋

郑和下西洋是人类航海史上非常辉煌的事件，也是中国古代史上最后一件世界性的盛举。这次航海壮举，比西欧的新航路开辟早了87年，其规模也远胜于同时期的欧洲。

1. 艰辛成长

卓越的时代才有举世瞩目之行，而这次伟大的航海事件也必伴随着杰出人物，郑和，这个被后世誉为航海家、外交家的人物，他又是怎样的人呢？郑和（1371—1433），本姓马，原名和，小名三宝，又作三保，信仰伊斯兰教，云南昆阳（今属昆明市）宝山乡知代村人。明朝太监。马和祖上本是元朝云南王麾下的贵族，在当地颇受人尊敬，马和少时受到良好的教育，文武之道，均无偏废，是同龄人中的佼佼者。洪武十三年（1380年），为消灭盘踞在云南的元朝势力，明朝军队进攻云南，发起了明平云南之战。战乱中，10岁的马和被明军俘虏了，随后不幸被阉割，几经辗转，最后进入朱棣的燕王府做事，慢慢地成为了燕王朱棣的亲信。而后又在靖难之变中，为朱棣立下大功。永乐二年（1404年），明成祖朱棣御赐马和郑姓，从此以后，便叫郑和。同时任为内官监太监，官至四品，地位仅次于司礼监。

2. 下西洋，倡和合

明承接元朝，元朝作为一个不抑商的朝代，有着海上贸易，也有着发达的航海技术。直至朱棣时代，明王朝依然是开国不久，需要向周边国家展示友好，吸引其来华交流，恢复过去以中华为核心的文化交流体系和贸易体系。在经过精心筹备之后，一支举世瞩目的航海队伍组建成功。永乐三年（1405），时值七月，明王朝航海的历史大幕在鞭炮齐鸣后拉开，郑和船队第一次下西洋。这支由240多艘海船、27 400名士兵和船员组成的远航船队从苏州刘家港出发，一路向南，到达爪哇岛上的麻喏八歇国。麻喏八歇国正爆发着战争，东西二王相争，西王打退了东王暂时占领了该岛。郑和船队上岛后，船员下船与岛上居民互通有无，可偏偏不巧的是，被西王的军队误认为是东王请来的援军，发生战斗。据统计，郑和船队被误杀的有170人。这下船队上下的军士不干了，纷纷要为死去的同伴报仇，西王听闻此事后惊慌失措，诚惶诚恐地前来表示歉意，向郑和表明这是一场误杀。

郑和听后，想到下西洋的目的便是与友邦四邻修好与共，他更不愿两国人民陷入更深的仇恨中。仇必和而解啊，这是浸入文化血脉的至理啊。随即禀明朝廷，愿化干戈为玉帛。西王得知后万分感谢，对郑和十分敬佩，从此与中华修好。第一次下西洋，郑和便向四邻传播了中国本有的以和为贵的思想品质，四海合而为一家，不是依靠征服完成一时之和，而是以相互尊重，相互保存，相互支持完成长久之和。

在这之后，郑和船队屡次出海，直至1433年，28年间总计出海

7次。这期间他去过占城、爪哇、真腊、旧港、古里、满刺加等30多个国家和地区，最远曾达非洲东岸和红海海口，为中外航海史上的壮举，同时，也促进了中国和亚非各国的经济、文化交流，他于1433年归途中病死于古里。

郑和船队每去一个地方，总会带着礼物送予当地人民，传递来自中华的友谊。对于郑和船队的到来，当地人民也是无不欣喜接待，送予郑和他们很多当地的珍宝，回馈他们的友好之意。与邻修好，和睦共处，这正是和合之道的具体表现，这种具体表现的可贵之处在于，它通过和合，保全了种种具体的不同，也正是因为能保全不同，才意味着这种和合才是可能的，才是被承认的，也只有这种可能与承认，才能孕育出和谐的开端。

十七、明成祖礼葬苏禄王

在山东德州有着中国仅有的两座外国国王墓中的一个，它就是苏禄王墓。据相关介绍，苏禄王墓区占地80余亩（一亩=666.67平方米），墓身高4.2米，直径16.6米。墓区苍柏翠立，景色秀美，庄重肃穆。另有石狮石虎于两侧对坐相望，但石狮石虎，这些物象又怎会出现在一个外国人的墓前呢，这分明是中国式的墓葬风格。为何一个外国人，却深埋在此，它见证了什么呢？

据记载，这处陵墓应追溯到明成祖朱棣时期。

1.三王来访

明永乐十五年（1417年）间，苏禄国三王，东王巴都葛叭答刺与西王、峒王率家眷将士及仆从340多人来明朝都城访问。海途遥远，风风雨雨，雨雨风风，三王使团终于到了都城北京，向明成祖进献金镂表文，奉上珍珠、宝石和诸多特产等。朱棣见状欣喜，像对待友邦满刺加一样隆重礼待三王。不久后便赐给他们封王的诏令，并以"裘衣、冠带及鞍马、仪仗器物"回礼，三王的随从们亦有所得。

2.礼葬苏禄王

三王与明修好后在北京居住了27天，然后准备启程回国，遂向明成祖辞别。朱棣听闻，再次赐予三王玉带、黄金、白金、绫罗绸缎及诸多钱财，并派遣卫队护送三王离开。可是东王到了山东德州后，突发急症，还没来得及救治便逝于此地。朱棣听闻后深感悲痛，派礼部郎中陈世启赴德州，为东王举行了隆重的葬礼，赐予东王谥号：恭定。并留其妻妾仆从十余人为其守墓，三年丧满后护送他们回国。之后，明成祖派使官告诉东王的长子都马含："你父亲不远万里来到北京，我们刚刚建立好友谊，他在归程中就去世了，我为此大为哀叹。你是他的长子，你的国民又需要你，特封你为新的苏禄国东王。"而后苏禄国与中国长久修好。

十八、六尺巷

在安徽省古城桐城中，有这样一条巷子颇负盛名，它就是六尺巷。六尺巷也是这座古城的"和谐"名片。凡到安徽桐城的人们，六尺巷可以说是一个失之必憾的地方，这不仅仅是因为时下的声名使人们纷纷前往，更多的是因为它是这样一个故景，它寄托着人们对生活的一种向往——"桐城六尺巷，和谐名城扬"。六尺巷里发生的一段真实故事，昭示着中国人民追求和谐的传统美德，闪耀着超越时空的道德光辉。

1.千里修书只为墙，让他三尺又何妨

如果"千里修书只为墙，让他三尺又何妨。万里长城今犹在，不见当年秦始皇"，可以作为六尺巷的索引的话，那么此诗何人所作，他是一个什么样的人？这首诗又有何指呢？让我们回到六尺巷，回到那个具体的历史时刻，具体的历史人物中来。此诗来自康熙时期的名臣张英，他是康熙年间文华殿大学士兼礼部尚书，是《国史馆文略》《大清一统志》《渊鉴类函》《政治典训》和《平定朔漠方略》等书的总裁官，是当时的学者大儒。他又是重臣张廷玉的父亲。张英，出身于书香门第，自幼饱读诗书，深受儒家文化影响。据史料记载，张英府宅旁有隙地，向来作过往通道。后来邻家吴氏想要建房占用这条过道，两家遂起争端，张家觉得吴家

这么做不合适，但吴家也不曾做出任何让步，双方争执不下，最后告到县衙。县衙对此也是颇感棘手，左右为难，不知如何是好，因为两家都是家大业大的显贵门族。而对此种纠纷又拿不出什么评判之理，所以，县官无论怎么判，都是得罪显贵，真是难办啊。张家见状，觉得此事不能如此"无作为"下去，遂传信于京都，向张英求助。张英读罢，略略思考，便笑着在信中回了四句颇令人玩味的诗，那就是"千里修书只为墙，让他三尺又何妨。万里长城今犹在，不见当年秦始皇"。

2.让出的"六尺巷"

家人见信后，遂觉惭愧，在小事上起这么大的风波，实在是难当"礼义"二字，随即退让三尺。邻居吴家见状，觉得张家位高权重还不以势压人，深受其感，随即也退让三尺，最终以和谐的方式解决争端。

礼让三分不失礼，不失礼即谓之不失和。和合，意味着合道理的生活方式，不破坏生活意义的生活方式。这是我们古人或者传统文化真正可贵的地方。什么叫以和为贵，那就是以和来贯通生。家、国的各个方面，成长着温情与发展，绵长与悠远。

后　记

　　加强中华优秀传统文化教育，是构建中华优秀传统文化传承体系，推动文化传承创新的重要途径。当今世界，文化在综合国力竞争中的地位和作用更加凸显，越来越成为民族凝聚力和创造力的重要源泉，博大精深的中华优秀传统文化是我们在世界文化的激荡中站稳脚跟的根基。党的十八大以来，习近平总书记在一系列讲话中深刻阐述了中华优秀传统文化在中华民族发展中的重大历史作用、深刻内涵和深远影响。加强中华优秀传统文化教育，是一项长期而艰巨的重大历史任务，在广大青少年中加强中华优秀传统文化教育，更加具有长远的战略意义和重要的时代意义。青少年学生是祖国的未来、民族的希望，加强对青少年学生的中华优秀传统文化教育，对于培养中华优秀传统文化的继承者和弘扬者，推动文化传承创新，建设社会主义先进文化，推进社会主义核心价值观建设具有凝魂聚气、强基固本的重要作用。

中华优秀传统文化是中华民族语言习惯、文化传统、思想观念、情感认同的集中体现，凝聚着中华民族普遍认同和广泛接受的道德规范、思想品格和价值取向，具有极为丰富的思想内涵，凝聚着中华民族自强不息的精神追求和历久弥新的精神财富，是发展社会主义先进文化的深厚基础，建设中华民族共有精神家园的重要支撑，凝聚了千百年来中华民族的生活经验、生存智慧，融入了中华民族的血脉，包含着中华民族最强大的精神基因。习近平总书记指出："要认真汲取中华优秀传统文化的思想精华和道德精髓，大力弘扬以爱国主义为核心的民族精神和以改革创新为核心的时代精神，深入挖掘和阐发中华优秀传统文化讲仁爱、重民本、守诚信、崇正义、尚和合、求大同的时代价值，使中华优秀传统文化成为涵养社会主义核心价值观的重要源泉。"加强对青少年学生的中华优秀传统文化教育，要以弘扬爱国主义精神为核心，以家国情怀教育、社会关爱教育和人格修养教育为重点，着力完善青少年学生的道德品质，培育理想人格，提升政治素养。

《中华优秀传统文化教育读本》是我主持的中宣部文化名家暨"四个一批"人才自主选题资助项目"中华优秀传统文化教育研究"课题的研究成果，本课题于2014年批准立项，我任课题主持人，课题组先后在北京、山东曲阜孔子诞生地尼山、浙江杭州、陕西延安召开中华优秀传统文化学术交流会，邀请知名专家、教授深入开展中华优秀传统文化教育研究，为中华优秀传统文化教育提供理论和学术研究支撑，组织编写中华优秀传统文化教育读本。开展中华优秀传统文化教育研究的主要内容，重点围绕习近平总书记提出的"讲仁爱、重民本、守诚信、崇正义、尚和合、求大同"展开阐述研究。《中华优秀传统文化教育读本》内容包括仁爱、民本、诚信、正义、和合、大同六大方面，由我任总主编，各分册编写者分别为：《仁爱：中华文化的核心力量》由韩星教授主编；《民本：中华文化的价值追求》由高伟教授主编；《诚信：中华文化的做人准则》由党怀兴教授主编，刘影、贾红、谢佳伟、任健行参加编写；《正义：中华文化的道德原则》由雷原教授主编，赵易参加编写；《和合：中华文化的独特品质》由王永智教授主编；《大同：中华文化的社会理想》由于建福教授主编，于超参加编写。

《中华优秀传统文化教育读本》分为三部分编写。第一部分：理论概述。从理论和学术角度，深入开展中华优秀传统文化教育研究，为中华优秀传统文化教育提供理论基础和学理支撑。第二部分：经典选编。从历代中华优秀传统文化典籍中精选名篇，按照经典简介、作者简介、选文、注释、翻译、解读等方面内容编写。第三部分：经典故事。从历代中华优秀传统文化典籍中精选经典故事，用讲故事的方式，普及中华优秀传统文化。因此，本系列读本既是中华优秀传统文化教育的理论学术研究成果，也是中华优秀传统文化教育的普及读本，为全国大中小学学生、教师和党政机关、企事业单位干部学习中华优秀传统文化提供的重要学习读物，也是在全国中小学教师中开展中华优秀传统文化教育培训，提高各级各类学校教师开展中华优秀传统文化教育能力的培训教材。

本课题在立项研究过程中得到中宣部文化名家暨"四个一批"人才自主选题资助项目的指导和帮助。在课题研究和系列读本的编写过程中，中宣部、教育部有关部门给予了大力支持和指导；北京大学、清华大学、中国人民大学、北京师范大学、陕西师范大学、西北大学、江苏师范大学、中国社会科学院、国家教育行政学院、北京汤用彤书院等院校的专家、教授参与研究和编写读本，在此一并致谢！这里，我还要特别感谢著名文化教育大家张岂之先生、楼宇烈先生，在著事繁忙中拨冗欣然为本系列读本作序推荐。这里，我还要特别感谢中国大百科全书出版社对本系列读本出版的大力支持和帮助，感谢刘国辉社长的高度重视，感谢编辑们的悉心编辑和付出的心血！由于水平有限，本系列读本在编写过程中还有不足，恳请各位专家和读者不吝指教！

翟　博

2020年1月